走向繁荣的战略选择

厉以宁　孟晓苏
李源潮　李克强　著

经济日报出版社

再版说明

《走向繁荣的战略选择》第一版出版于 1991 年。时隔 22 年的今天再版发行，满足广大读者的强烈需求是非常重要的原因。

读者对本书的强烈愿望来源于本书堪称理论经典的内容。本书出版于上世纪九十年代初期，其时中国经济改革与发展进入关键时刻，在这个大背景下，本书作者就如何进一步加快经济改革，使中国经济进入良性发展的轨道等问题，进行了全面、系统和精辟的理论阐述，并就实践的路径进行了深入探讨。很多读者是在 20 年前看过这本书，对书中的内容至今记忆犹新，并强烈要求本社再版。

党的十八大提出到 2020 年全面实现建成小康社会的奋斗目标，而要想全面实现这个目标，全国人民在党领导下，还需要做一番艰苦的努力。这其中，包括审视过往改革开放的得失，进一步明晰理论要点，更加坚定地规划路径，都应是这种努力的原有之意。我们认为，尽管 20 多年过去了，重读本书对于回顾中国经济改革以来的理论与实践历程，有不可多得的历史意义。而更重要的是，本书内容对于解决当前中国经济改革与发展所面临的一系列问题，毫无过时之感，仍然具有很强的现实指导作用。因此，在征得厉以宁教授同意之后，本书再版时对原内容未做改动。

本书上世纪九十年代出版时，正是我国从有计划的商品经济向社会主义市场经济全面转变的时期，本书的理论立意自然有那个时期的烙印，尤其是经济数据还停留在那个年代。但是，我们今天再版这本书，读者重读这本书，意义在于重温这本书的理论创新、超前思维和大国繁荣的路径规划，结合今天中国在深水区改革的大背景，相信读者一定会读出新意并大受裨益。

前　言

本书由厉以宁同他的三个学生孟晓苏、李源潮、李克强合著。孟晓苏撰写第一章（经济改革战略的探讨），李源潮撰写第五章（企业集团的发展途径），李克强撰写第七章（农村工业化：结构转换中的选择），其余部分由厉以宁撰写。

本书取名为“走向繁荣的战略选择”，主要出于以下考虑。从党的十一届三中全会算起，改革至今已经超过十二年。在经过历时两年的治理整顿之后，当前我们正处于改革与发展的关键时刻。究竟怎样才能加快经济改革的步伐，怎样才能使我国经济转入良性循环轨道，我们必须从战略的高度对今后的经济改革与经济发展进行认真的思考，选择一条符合中国国情的社会主义经济改革与经济发展的道路。在这个领域内，经济理论界是有争论的。我们所陈述的一系列看法以及所提出的改革方案，只是众多观点与方案中的一种，供决策当局选择。当然，展望今后十年，我们在提出自己的方案及其实施效果时，多少带些经济预测的性质。这是因为，根据我们的看法，只要经济改革与经济发展的战略选择得当，九十年代内中国经济的繁荣是可以期待的。

不可否认，对九十年代的中国经济的预测有一定的困难。首先，经济生活中充满着不确定性，从国际政治形势的变幻到每个消费者的行为的不规范，都可能对正常的经济运行产生干扰，从而使经济预测难以准确。其次，预测者所掌握的信息毕竟是有限的，从而只可能根据所掌握的不充分信息作出预测。最后，预测者本人总是有自己的经济观点的，因此在分析经济信息和根据这些信息进行判断时，很难避免掺杂了主观的意见。不同的经济预测者即使面对着相同的经济资料，也可能得出截然相反的看法，究竟谁对谁错，只有让以后的实践来检验。尽管这样，本书还是在陈述作者的看法和提出可供选择的方案的基础上，对今后一段时期内中国的经济改革与经济发展趋势作了一些预测，并且对中国经济的前景持有乐观的态度。

本书关于中国走向繁荣的战略选择的基本思路依然是坚持企业改革是中国经

济改革主线的观点，即把企业改革放在关键的地位，认为价格的放开是企业改革取得成效以后所形成的结局，而不可能是经济改革的突破口。然而在公有制基础上实现股份制的途径、国有资产管理体制的改革、企业集团的组建，乡镇企业的发展、计划与市场的结合方式等问题上，要比厉以宁以前出版的各个著作中所阐述的具体得多、详细得多。这是本书的明显特点。

本书写作过程中，曾得到赵履宽教授（中国人民大学）、刘炳瑛教授（中共中央党校）、邬翊光教授（北京师范大学）、刘方棫教授（北京大学经济学院）、萧灼基教授（北京大学经济学院）、王恩涌教授（北京大学管理科学中心）、陈良焜教授（北京大学管理科学中心）的帮助，谨向他们致谢。

《走向繁荣的战略选择》一书

韩文版前言

厉以宁

《走向繁荣的战略选择》一书出版于1991年，距离现在（2015年）已经24年了。韩文版在翻译者和出版者的共同努力下，与广大韩国读者见面，我为此感到高兴，把这看做中韩文化交流的一件好事。我希望韩文读者通过阅读本书，对中国的改革开放过程有进一步的了解，为此我撰写了这篇韩文版前言。

本书由我和我所指导的三位硕士研究生合作写成，他们是孟晓苏、李源潮和李克强。孟晓苏和李克强毕业于北京大学，李源潮毕业于复旦大学。他们大学毕业后在北京工作。1988年，他们在工作几年以后，有机会考入北京大学，成为攻读硕士学位的研究生。孟晓苏和李克强被北京大学经济学院录取。当时北京大学经济学院成立了导师组，组长是我（我担任北京大学经济学院经济管理系主任），导师组另外两位导师，一个是萧灼基教授（他是北京大学经济学院经济系教授）和刘方棫教授（他也是北京大学经济学院经济系教授）。所以孟晓苏和李克强两人是我、萧灼基和刘方棫教授共同指导的，以我为主，因为导师组组长由我担任。

李源潮的情况比较特殊。当他的录取通知书送到北京大学校长丁石孙教授那里时，丁石孙校长找我，他说："从学历上说，李源潮是1977届上海复旦大学数学系毕业的，他有条件从事管理学的跨学科研究，让他在北京大学新成立的管理科学中心读研究生吧！"当时，北京大学管理科学中心主任由丁石孙校长兼任，下设三位副主任，即我、陈良焜、王恩涌三位教授，陈良焜是经济计量学专家，王恩涌是环境科学和人文地理专家。所以实际上，李源潮是由我、陈良焜、王恩涌三人共同指导的，以我为主。

到1991年孟晓苏、李源潮、李克强三人硕士毕业时，孟晓苏、李克强二人拿到的是经济学硕士学位，李源潮拿到的是理学硕士（管理科学硕士）学位。此后，他们三人工作虽忙，但仍努力学习。孟晓苏、李克强最终获得了北京大学经济学博士学位，两人的博士论文导师都是我。李源潮后来考取中国社会科学院研究生院的博士生。我参加了他的博士论文答辩会，博士论文是文化方面的。

《走向繁荣的战略选择》一书的第一章"经济改革战略的探讨"是孟晓苏在硕士论文的基础上写成的。该书第五章"企业集团的发展途径"是李源潮在硕士论文的基础上写成。该书的第七章"农村工业化：结构转换中的选择"则由李克强在硕士论文的基础上写成。该书的其他各章节则由我执笔。

需要指出的是：孟晓苏、李源潮、李克强三人的硕士论文的通过和本书的出版，在1991年中国政治经济的大背景下，是有争论的。当时在意识形态领域内，把市场化改革、国有企业股份制改革、民营企业的发展都作为禁区，严加控制。但北京大学是一个始终坚持百家争鸣的学术园地，这三个学生的硕士论文都全票通过了。而且当我把他们的硕士论文编入《走向繁荣的战略选择》书稿后送交经济日报出版社时，没有受到任何阻碍，出版社以最快的速度出版了。这是很不容易的事情，因为这是在邓小平南方讲话之前，此时此刻关于中国是不是继续推行改革开放政策，是不是要促进国有企业的股份制改革，是不是要鼓励民营企业的发展，不少人仍在观望之中。

邓小平南方讲话终于在人民日报上公开刊出，这已经是1992年春天的事情，距离《走向繁荣的战略选择》一书的出版也已经大半年了。大家从邓小平的南方讲话中学习到许多东西，最重要的是，邓小平的南方讲话给了干部和群众以信心和希望。中国不继续改革开放，不仅赶不上发达国家，而且连比较富裕的水平都不可能达到，中国只会长期滞留于贫困之中。但贫困不是社会主义。中国该怎么办？人们感到迷茫。

邓小平南方讲话公开发表以后，当时学术界、传媒界、科技界和企业界、特别是青年学生们的欢欣鼓舞的情况已成为珍贵的回忆，本书的作者们同样如此。实践证明了邓小平南方讲话的重大意义。如果说20世纪80年代是一个探索的年代，那么中国真正走上加速发展和加大改革力度的道路，是从1992年邓小平南方讲话开始的。

2013年，正是具有划时代意义的中共第十八届全国代表大会召开后不久，经济日报出版社再版了《走向繁荣的战略选择》一书。当出版社征求我的意见时，我在电话中回答出版社的负责人："保留原貌，不作修改"。我想这是对历史的尊重，也是对中国改革史的一段珍贵的回忆。

2015 年 9 月 1 日于北京大学光华管理学院

《走向繁荣的战略选择》一书

韩文版前言

厉以宁

《走向繁荣的战略选择》一书出版于1991年，距离现在（2015年）已经24年了。韩文版在翻译者和出版者的共同努力下，与广大韩国读者见面，我为此感到高兴，把这看做中韩文化交流的一件好事。我希望韩文读者通过阅读本书，对中国的改革开放过程有进一步了解，为此我撰写了这篇韩文版前言。

本书由我和我所指导的三位硕士研究生合作写成，他们是孟晓苏、李源潮和李克强。孟晓苏和李克强毕业于北京大学，李源潮毕业于复旦大学。他们大学毕业后在北京工作。1988年，他们在工作几年以后，有机会考入[redacted]北京大学成为攻读硕士学位的研究生。孟晓苏和李克强被北京大学经济学院录取。当时北京大学经济学院[redacted]成立了[redacted]导师组，组长是我（我担任北京大学经济学院经济管理系主任），导师组另外两位导师，一是肖灼基教授（他是北京大学经济学院经济学教授）和刘方棫教授（他也是北京大学经济学院经济系教授）。所以孟晓苏和李克强两人是我、肖灼基和刘方棫教授共同指导的，以我为主，因为导师组组长由我担任。

李源潮的情况比较特殊。当他的录取通知书送到北京大学校长丁石孙教授那里时，丁石孙校长找我，他说："从学历上说，李源潮是1977届上海复旦大学数学系毕业的，他有条件从事管理学的跨学科研究，让他在北京大学新成立的管理科学中心读研究生吧！"当时，北京大学管理科学中心主任由丁石孙校长兼任，下设三位副主任，即我、陈良焜、王恩涌三位教授。陈良焜是经济计量学专家，王恩涌是环境科学和人文地理专家。所以实际上，李源潮是由我、陈良焜、王恩涌三人共同指导的，以我为主。

到1991年孟晓苏、李源潮、李克强三人硕士生毕业时，孟晓苏、李克强二人拿到的是经济学硕士学位，李源潮拿到的是理学硕士（管理科学硕士）学位。此后，他们三人工作虽忙，但仍努力学习。孟晓苏、李克强最终获得了北京大学经济学博士学位，两人的博士论文导师都是我。李源潮后来考取中国社会科学院研究生院的博士生。我参加了他的博士论文答辩会，博士论文是文化方面的。

《走向繁荣的战略选择》一书的第一章"经济改革战略的探讨"是孟晓苏在硕士论文的基础上写成的。该书的第五章"企业集团的发展途径"是李源潮在硕士论文的基础上写成。该书的第七章"农村工业化：结构转换中的选择"则由李克强在硕士论文的基础上写成。该书的其他各章则由我执笔。

需要指出的是：孟晓苏、李源潮、李克强三人的硕士论文的通过和本书的出版，在1991年中国政治经济的大背景下，是有争论的。当时在意识形态领域内，把市场化改革、国有企业股份制改革、民营企业的发展都作为禁区，严加控制。但北京大学是一个始终坚持百家争鸣的学术园地，这三个学生的硕士论文都全票通过了。而且由我把他们的硕士论文编入《走向繁荣的战略选择》书稿在送交经济日报出版社时，没有受到任何阻碍，出版社以最快的速度出版了。这是很不容易的事情，因为这是在邓小平南方讲话之前。此时此刻，中国是不是继续推进改革开放等，是不是要促进国有企业的股份制改革，是不是要鼓励民营企业的发展，不少人仍在观望之中。

邓小平南方讲话终于在人民日报上公开刊出，这已经是1992年春天的事情，距离《走向繁荣的战略选择》一书的出版也已经大半年了。大家从邓小平的南方讲话中学到许多东西，最重要的是，邓小平的南方讲话给了干部和群众以信心和希望。中国不继续改革开放，不仅赶不上发达国家，而且连比较富裕的水准都不可能达到，中国只会长期滞留于贫困之中。但贫困不是社会主义。中国该怎么办？人们感到迷茫。

邓小平南方讲话公开发表以后，当时学术界、传媒界、科技界和企业界、特别是青年学者们的欢欣鼓舞的情况已成为珍贵的回忆，本书的作者们同样如此。实践证明了邓小平南方讲话的重大意义。如果说20世纪80年代是一个探索的年代，那么中国真正走上加速发展和加大改革力度的道路，是从1992年邓小平南方讲话开始的。

2013年，正是具有划时代意义的中共第十八届全国代表大会召开后不久，经济日报出版社再版了《走向繁荣的战略选择》一书。当出版社征求我的意见时，我在电话中回答出版社的负责人："保留原貌，不作修改。"我想这是对历史的尊重，也是对中国改革史的一段珍贵的回忆。

2015年9月1日

于北京大学光华管理学院

目　录

第一章　经济改革战略的探讨

第一节　经济改革战略问题的提出

党的十一届三中全会以来，中国的经济改革取得了历史性的成就。十年中国民生产总值平均递增9.5%，国民经济的活力有了很大的增强，国家的经济实力和人民的生活水平都有了显著的提高，对外开放政策打破了长期的封闭状态，外向型经济的发展使对外贸易占国内生产总值的比例日益上升，中国在国际贸易中的份额由1979年的0.97%上升到1988年的1.16%。[①] 但是同样引人注目的是，在中国的经济改革进程中，出现过曲折与徘徊，出现过冒进与失误，出现过久攻不下的难点，也出现过种种不尽人意、甚至不堪承受的问题和困难。一度加剧的通货膨胀和渐趋严重的腐败现象曾经使经济改革的环境恶化。紧接1988年抢购风潮而来的经济滑坡、市场疲软，又使整个经济改革与发展遇到困难。现实引起人们对这一系列现象与问题的深层思考：中国经济改革的成功在战略上有哪些主要经验，而改革的失误在战略上有又哪些基本教训？这些无疑都是关系到下一步改革进程的重大理论问题。

一、经济改革战略研究的必要性：改革实践提出的课题

从经济改革的十年实践来看，几个主要领域的改革在进程与效果

① 参看世界银行：《中国：国家经济备忘录》，1990年3月。

上存在着相当大的差异。

率先兴起的农村改革，是以 1979 年主要农产品收购价格的调整作为序幕的，随后，在中国最穷困的一部分地区悄然兴起的联产承包责任制（又称“大包干”），便以其劳动计酬同产量的直接联系、生产者的经营自主权和明显的增产效益受到广大农民的赞同。在党中央的领导下，这一改革逐步推开，尤其是从联产承包责任制到土地承包责任制的发展（承包土地使用权十五年不变），极大地解放了长期被旧体制禁锢住的农村生产力，不仅使农户成为独立的生产者和经营者，而且使农民成为部分生产资料的直接拥有者，部分地改变了农村的产权关系。与此同时，取消农副产品统派购制度，市场机制逐步被引入农村经济生活，八亿农民迅速走上商品生产的轨道。粮食的连年增产和农业劳动生产率的提高，推动了农村的劳力、资金、土地、技术等资源的重新组合，使中国的农村工业与第三产业迅速兴起，乡镇企业以其灵活的经营机制，在种种客观的与人为的困难和压力下迅猛发展，成为国民经济中一支举足轻重的力量。① 这期间，农民的人均收入增长了一倍多。尽管尚有约 8%的农户还面临着贫困的压力，但绝大部分的农民已解决了温饱问题，少部分经济较为发达地区的农民已率先进入“小康”。农村改革的迅猛进展震撼了整个旧的经济体制，直接推动了流通、分配、信贷等领域的改革，并为城市改革提供了勇气和经验。农村第一步改革无论是作为农村经济改革总过程中的一个子过程，还是作为全国经济改革总系统中的一个子系统，都是成功和具有重大影响的。

与农村改革相比，在城市企业改革的思路与步骤上就显得相对迟疑与踌躇。企业改革是从 1979 年到 1981 年的扩大经营管理自主权试点起步的，这主要是由于过去企业完全是行政机关统收统支的附属物，不仅毫无自己的利益，而且整个生产、经营全部控制在行政机关的指

---

① 参看本书第七章。

令性计划下，几乎毫无自主权。但当企业发现这一改革实际上主要是实行利润留成制度，而企业迫切需要的生产计划、产品销售、物资供应和用人等方面的权力因为体制的束缚并未落实，当国家也发现企业在利润留成制度下并不能有期望的积极性时，“放权试点”便被一股以“包字进城”为代表性口号的第一次企业经济责任制的浪潮所淹没。企业经济责任制在具体实践中，主要是从分配入手，采取利润留成、盈亏包干、以税代利、自负盈亏四种基本形式解决国家与企业之间的经济责任，采取同职工收入挂钩的全面经济核算，解决企业同职工之间的经济关系，并强调责、权、利的结合。这项改革在一些企业中取得了成效。可是随着“放权让利、搞活企业”的发展，立即出现了企业“苦乐不均”的问题。企业的情况千差万别，在核定企业分成基数与递增比例时难以定得合理，同时由于在计划体制下承包企业的各项计划指标的确定都只能按“基数法”，即在上年实际完成数的基础上经过激烈的讨价还价来商定，而实际上企业只负盈不负亏，因此又进一步产生了“鞭打快牛”的问题。在这种背景下，人们或是出于想为企业创造平等竞争环境的动机、或是出于要保证国家财政收入的动机，萌发了“利改税”的思想，并迅速影响了国家的决策。“利改税”在巩固国家财政收入方面的成效是明显的，而“创造平等竞争环境”的预期随着“利改税”实践的检验和计划与市场相结合的改革方向的明确化，逐渐显现出其不合时宜。这是因为，如果国家真的可以分离各种生产要素的收益，用精心设计的巧妙方案来取代市场机制的作用，那么传统的计划体制就可以修修补补而不需要做实质性的改革了。在实践中，由国家与企业的特定关系所决定的公有制企业的不平等也没有能得到改变，陷入了国家政策与企业对策的循环。稍后，理论界一些人提出从理顺产权关系入手，用公有股份制的形式重组中国的国营企业，以彻底解决行政对企业的控制，并加强企业行为的自我约束的构想，引导人们走出了“放权”与“收权”的思想方法，开始了对重造经济微观基础的探讨。

如果说对企业改革的曲折尚难有定评的话，价格改革的思路、操作过程与结局便更耐人寻味。价格改革思想的萌发几乎是与创造企业平等竞争环境的想法同时产生的，因为人们已看到传统的体制导致不合理的价格体系，为社会提供了一种错误的信息与选择标准，引起经济结构的全面扭曲，使得企业难以真正面对市场，于是以理顺价格或是改变价格形成机制为主要话题的价格改革便理所当然地提上了日程。1984 年和 1985 年两次生产资料价格的开放，出现了以价格双轨制为核心，计划价、浮动价和市场价并存的价格体系。但价格双轨制的弊端同样是明显的，它是在产品经济与商品经济板块式结合的思路指导下提出来的，其核心的内容就是对同一产品实行“计划内”与“计划外”两种调节，价格双轨制使市场部分地开放了，但市场机制并未合理形成。不仅如此，它还为依附于传统经济体制的“官倒”提供了肥沃的土壤。现实使一些人们认为价格双轨制的过渡时间不能太长，价格改革是想绕也绕不过去了。另一方面，包括价格补贴在内的各种补贴直线上升，补贴已占到国家财政支出的 30%，到了使政府不堪负担的地步。理论界有些人把价格改革说成是“一次性的大手术”，描绘出一幅“过关有风险，关后是平川”的诱人图景。结果，准备强行闯过价格改革关的意向触发了 1988 年夏天全国性的抢购与挤兑风潮，消费者纷纷将金融资产转移成实物资产，全国人民对于这个关系到他们长远利益的价格改革方案竟然用“货币投票”行使了否决权。这严重恶化了改革的环境，人们对通货膨胀、分配不公、腐败现象和治理整顿不力的强烈不满情绪，很快从各个方面表现出来，中国的经济改革事业为此付出了重大的代价。

以上是对十年改革中最具代表性的一些改革过程与结局的简单回顾。正是这些在进程上或顺畅或阻滞，在结局上或成功或失败的具体内容，构成了中国十年改革的历史，并使之具有丰富和深刻的研究价值。

某项改革的成败并非仅是由其具体的规律决定，更不是若干偶然因素所促成。至少在“目标是否正确”“条件是否具备”“操作是否得当”这三个问题上，有其共同的规律可以追寻，而对这种战略问题的研究绝不是对具体过程和具体经验教训的研究可以取代的。尤其是在研究经济改革实践遇到的挫折中，还应看到它的多方面、多层次的原因。完全归咎于决策失误，并非实事求是。同样，把全部失误归结为客观必然，也不是实事求是。仍以改革以来通货膨胀的恶化为例。改革伊始，决策部门和经济学家对群众承受物价上涨的能力作了大量的讨论。有的认为物价上涨的上限是2%～3%，有的认为是5%～6%，有的认为只要低于存款利率即可，尽管意见不一，但当时总还有个可以衡量的限度。可是，后来实际上放松了对这种限度的把握。因此，正确的态度应当是既要搞清楚哪些挫折具有难以避免的客观性，又要搞清楚哪些属于决策失误。在正确指出决策失误的基础上，还应当深入探讨造成这种失误的层次与原因。例如，是目标选择层次上的错误还是操作层次上的失误，是总体操作上的失误还是局部操作上发生了影响到全局的失误？经济改革是一个复杂的系统工程。在成功与失误问题的研究上也应力戒简单化、表面化。为此，从改革战略的高度来深入研究成功的进程与经验，判断失败的层次与原因，确有其必要性。

二、经济改革战略研究的现实性：对经济改革周期性变动的思考

中国的经济发展和经济改革都不是直线进行的，经济运动本身有其周期性。所谓经济周期，是指国民经济总量呈现周而复始变化的状况。它在我国的存在已为我国四十年经济发展的历史所证实。（见图1）

政府实行某种宏观政策虽然可以改变经济周期的频率、振幅和发生的形态，但没有也不可能消除经济周期本身。值得注意的是我国实行改革政策十年中的经济状态也呈现出周期性的特点。（见图2）

图 1　工业总产值年增长速度变化曲线

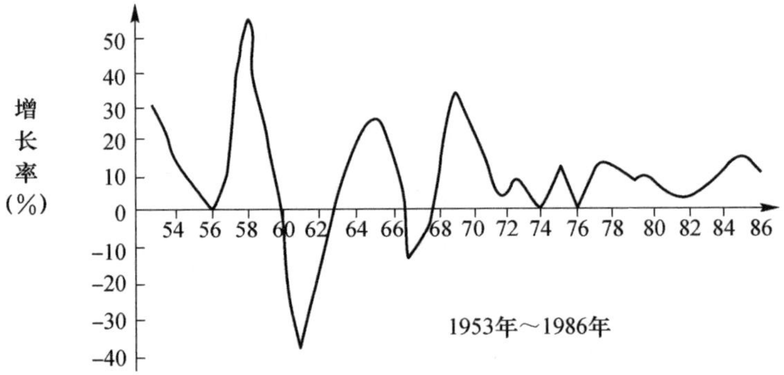

图 2　全民所有制单位固定资产投资总额增长率曲线（━━）

社会商品零售额增长率曲线（——）

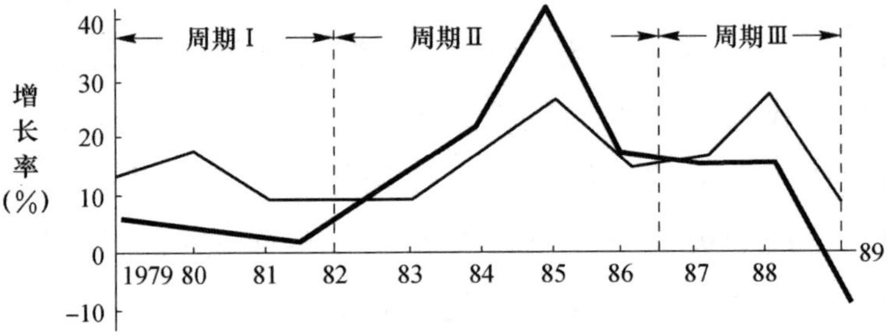

从图 2 可以看出，自 1979 年我国实行经济改革政策以来，经济形势有过三次高涨期，时间分别为 1978～1979 年、1984～1985 年、1987～1988 年。每一次高涨的基本条件都是与农产品的增长、国内供需差率较小、国际收支的顺差和价格相对稳定有关，1979 年以来这三个高涨期的出现，显然与实行改革政策有关，如 1978 年十一届三中全会确定的改革方针。农产品收购价的较大幅度上升与工业企业实行的放权让利试点；1983 年和 1984 年农村联产承包责任制的全面推开、生产资料市场的部分放开、工业企业承包制的实行；1986 年和 1987 年国营企业推行改革和部分农产品价格的放开等等。在每一个经济高涨期都可以看到经济与行政决策权的进一步下放，这种放权对于微观的搞活无疑是有重要意义的。

以上说明，经济发展有其客观规律，经济改革也有其客观规律。在经历了三次经济发展与经济改革的周期性的起伏之后，研究一下宏观战略问题是有意义的。客观规律并不依人们的意志为转移，但是人们可以认识这些规律，避免人为地加剧这种周期性的震荡，使经济得以稳步发展。

特别应当指出的是，改革十年来，在人们对于改革的认识和改革理论的研究上也有若干次起伏。如果从客观上将几年来改革理论的研究与深化当作认识的第一阶段，将1989年以来理论界的反思当作认识的另一个阶段，那么到最近重新开展的对于改革理论的进一步探讨，应当说也已完成一个认识上的周期。经历了这个过程之后，中国的经济理论界可能正站在实践与理论的新的起点之上。这也是从战略上研究改革问题的好时机。

三、经济改革战略的含义

战略一词的本意是基于战争全局的分析、判断而作出的筹划和指导。战争的胜败首先取决于战略是否正确。战略左右战争全局，与从局部出发的战术相比，它居于更重要的位置。我国经济学界较为普遍运用战略这个概念，仅是最近几年的事情，并且主要是在经济发展学研究领域。

同样，经济改革也有其战略问题。经济改革的战略是研究改革的国情基础、改革的奋斗目标以及达到这个目标的途径、方法和部署。基于上述认识，经济改革战略至少应包括以下三个层次的内容。

（1）经济改革的起点模式与目标模式，即“改革初始位置在哪里”“改革方向是什么”等问题；

（2）经济改革的过渡模式，即改革的途径与方法问题；

（3）经济改革的利益机制，这是研究改革的动力与阻力，以及有关操作技术的问题。

三个层次的经济改革战略问题是相互关联的，在研究的深度上是递进的。确定改革的起点模式与目标模式是选取改革的过渡模式的前提；过渡模式是从起点走向目标所必须经历的过程，它的选取在很大程度上关系到改革的成败；最后，在改革进程中起决定作用的是改革是否能得到广大群众的拥护和支持，这取决于利益机制的运用，取决于是否采取尽量减少利益摩擦引起的阻力的操作方式。而在这些改革进程与方式的选取上，又应当充分考虑到起点、模式，即中国的基本国情，并坚定地、毫不动摇地始终对准改革的目标。

这是一个改革理论研究的新领域，是从新的角度去研究改革理论和考察改革实践的尝试，是一种刚刚开始的艰难而有益的探索。

第二节　经济改革的起点模式与目标模式

中国的经济改革首先要回答这样两个问题：我们原来站在什么起点上？我们要达到什么样的终点？这就是所谓起点模式与目标模式问题。这是一个“定位”和“定向”的问题。定位是确定改革的基础和前提，定向是确定改革的方向与目标。

举例可能会有助于说明这两个模式的含义：

从中国的实际情况出发，可以将社会主义经济体制大体上分为三类：一是传统的经济体制，二是在传统经济体制逐渐失去主导地位和新经济体制成长条件下的双轨经济体制，三是新的经济体制。①五十年代末到七十年代末这段时间的经济体制是传统的经济体制；八十年代以来的经济体制称为双轨经济体制，目前我们正处在双轨经济体制之下。新的经济体制则是我们力求通过改革，在摆脱了双轨经济体制之后要建立的那种经济体制。在上述的这三种经济体制中，第一种是起点模式，第三种至今仍是目标模式，第二种则是从

① 参看厉以宁：《非均衡的中国经济》，经济日报出版社，1990 年版，第一章。

起点向目标转换的过渡模式。

一、起点模式的研究

在传统经济体制下，经济的运行主要依靠指令性计划或行政命令。指令性计划直接规定着各部门、各地区、各企业的活动以及众多的产品的生产和分配，有时还规定了个人的就业和某些消费品的分配。为了贯彻集中统一的指令性计划，设置了一整套行政机构，在纵横两个方面交错地管理着经济的运行：在纵的方面，从中央到地方，按产业的划分建立了各个部门的管理机构；在横的方面，按地区划分建立了各级地区的管理机构。企业则分别隶属于各级行政机构。在这种经济运行机制下，经济的运行呆滞，失去了灵活性，效率低下，产品的严重短缺与大量积压并存，人民的需要不能得到满足。

在传统的经济体制下，以指令性方式分配资源成为经济中资源分配的基本方式。在这种经济体制下，市场几乎不起什么作用。由于否定企业作为商品生产者和经营者的地位，否认企业应当拥有的生产经营自主权，抹煞企业的自身利益，限制生产要素的流动，因此在高层次的资源配置方面存在着极其不合理的分配，而且资源的浪费、破坏也非常惊人；在低层次的资源配置方面，企业没有合理使用资源的积极性，也没有这种可能性，所以生产效率低下，资源的使用效率也很低。因此，对传统经济体制进行改革，是资源配置从不合理趋向合理的必要前提。

关于起点模式的研究，说明了传统经济体制阻碍生产力的发展，这绝非靠对传统体制进行修修补补所能解决，而必须对之进行彻底的改革。正是出于对起点模式的正确认识，中国的经济体制改革的必要性与合理性才被人们所接受。从改革战略的角度看，这是中国全部经济体制改革政策与理论的立足依据和战略基础。

应当指出的是，中国的传统体制与理论上的计划经济模式之间仍有一定的距离。例如，当初我国虽然移植了苏联高度集中的经济模式，但由于我国是一个经济发展水平很低的大国，因此即使在高度集中时，我国中央统一计划产品的覆盖率也远远低于苏联和东欧各国。又如，在我国经济发展中，二元结构并存：一方面，大工业得到长足的发展，另一方面，以手工劳动为主的小生产仍然大量存在，这就成为商品经济在乡镇经济的小生产中能迅速恢复与发展的基本条件。

对起点模式的认识曾经历了一个渐进的、曲折的过程。实行改革的初期，传统计划经济模式的缺陷仅被认为主要是经济决策权力过于集中。这是因为，人们已看到传统的计划体制所导致的国民经济濒临崩溃的现象，尝到人民生活长期被压抑在很低水平的苦果，以及看到对传统模式中那些特别僵死的部分所做的初步修正，尤其是农村实行大包干所产生的明显收益。但在经济理论论坛上，传统的计划体制被做为社会主义的本质特征的论点仍占主导地位。有些同志认为传统的计划体制模式基本上符合中国的经济现实，只是经济管理秩序被“四人帮”搞乱了，一旦消除了他们的恶劣影响，中国经济就可以在原有体制下迅速发展；还有些同志认为，传统的计划经济体制基本框架是有效率的，只要加以完善，克服其缺陷，就可以继续沿袭。随着实践和理论的发展，彻底改革传统经济体制的主张终于被绝大多数人所认识，成为改革理论论坛上的主流。

二、目标模式的研究

在改革战略研究的问题上堪与起点模式的研究相媲美的是在对于改革目标模式研究上的突破性进展。其代表性的标志是于 1984 年被写入《中共中央关于经济体制改革的决定》的“社会主义经济是在公有制基础上的有计划的商品经济”，它明确肯定了我国经济改革在运行机制上所要达到的目标是计划与市场两种资源配置方式的结合。为此，就需要使企业真正具有活力；需要建立完整的市场体系，即不但要建立商品市场，还要建立资金、外汇、技术及劳务市场；建立以间接控制为主的宏观调控机制。有计划商品经济理论的提出和计划—市场相结合的经济体制改革目标模式的逐步明朗化，是改革的推进和理论界多年探索的结果。

在集权与分权关系的研究中，也有理论上的突破。在这方面，不仅有政企分开、两权分离等处理国家与企业关系的理论，而且有从发展有计划商品经济的要求并从适应中国作为一个统一大国的实际出发提出的正确处理中央与地方关系的理论，其中有侧重从事权、财权或产权方面提出的界定中央与地方关系的理论，还有从调动中央和地方两个积极性的角度提出的规范和完善宏观调控机制的看法。人们从实践和理论两个方面认识到，在改革中要打破中央统收统支、包揽投资分配、吃大锅饭的局面，让地方、企业都活起来，使他们在公有制主体和宏观计划指导下，有权有钱搞建设、搞投资、搞收益，这比由中央集权、国家大包大揽要好。实践证明，改革高度集中的传统经济体制，充分发挥中央和地方、企业两个积极性，是促进社会主义有计划商品经济发展的正确选择。

值得深思的是，理论上的反复、实践中的挫折，都与目标模式本身的研究的不彻底性、不完善性以及缺少操作性是有关系的。至今我们在计划与市场的关系上还没有找到如何更好地结合的形式，在政企分开、两权分离问题上也没有找到既符合实践、又顺应有计划商品经济发展的具体操作方式，在中央与地方的权力划分上也没有找到如何真正能够调动地方积极性，又有利于宏观控制的事权、财权和产权界定形式。目标模式研究中的这些问题，除了有待于实践提供出更丰富的养料之外，从经济改革战略的角度加以探索，肯定有很大的作用。

第三节　经济改革的过渡模式

一、过渡模式的含义

经济改革在明确了前进的方向即确定目标模式之后，如何实现从起点到目标的过渡，就成为问题的关键所在。改革的过渡模式问题，包括了实现从传统体制向新的体制过渡的途径与方法等问题。它是改革战略问题的重要组成部分，也是一个有必要深入研究的重要领域。

过渡模式的研究范围是相当广泛的，与起点模式、目标模式的研究范围在很多方面又是相同的，如市场、企业、宏观控制等方面过渡的体制状态。但是，过渡模式有其既不同于起点模式，又不同于目标模式的研究对象。起点模式和目标模式，是改革前后两端的体制状态，对起点模式和目标模式的研究是一种静态的结构分析。过渡模式则是新旧体制之间的改革过程，对过渡模式的研究是一种动态的过程分析。

在过渡模式的探讨中，一直存在着不同的见解。例如，在体制模式的转换上，存在着是采取“一揽子”方式还是采取“渐进”方式两种意见；在经济改革的“主线”问题上，有着“企业改革主线论”和“价格改革主线论”的不同；在经济改革的条件上，有人主张应先创造“宽松的经济环境”，有人则认为不可能在旧体制下创造出适宜于改革的宽松环境而后再改革，更有人认为，假定经济环境已经宽松了，那又何必改革呢？

我们认为，中国经济体制改革包括两个主要方面：一是经济运行机制的转轨，二是以企业改革为中心的微观基础的重新构造。从对这两个方面改革的过渡模式的研究中，我们可以清楚地看到经济改革过渡模式的特点和规律。

二、经济运行机制改革的过渡模式

以建立和完善市场机制为目标的经济运行机制的改革，是从传统的高度集中的计划体制下起步的。在改革采取逐步推进的情况下，已经走上了“双轨运行”或“混合运行”的模式。不仅在整个经济活动中如此，而且往往在同一种产品的生产和交换中，在同一种产品的价格形成中都是由双轨运行机制或混合运行机制调节的。

双轨体制形成的客观必然性在于旧经济体制只可能逐步退场，新经济体制也只可能逐步建立，新旧体制的交替需要一个较长的过程。在体制模式的转换中，利用双轨价格的逐渐消长，可以推动经济体制的全面改革，并避免改革中的大的震动。但由于两种运行规则或机制的混杂，会使经济生活发生摩擦，宏观的经济调节和管理要比传统体制之下困难和复杂得多。这时，由于直接行政协调的削弱和市场协调的不完善而带来的种种矛盾，会使人们几乎每天都要遇到是到此为止还是把改革继续推向前进的两难选择。但经济生活中的积弊最终要靠改革加以消除，改革中的困难也要靠后续改革来克服。在某些情况下不得不采用并强化直接的行政控制手段时，也不要忘记这是在为向间接的宏观控制手段为主的过渡创造必要的条件。运用并强化直接的行政控制手段，只是临时性的措施，其任务是为改革的继续前进作准备。

三、企业改革的过渡模式

近年来各种形式的企业经营承包责任制作为实行两权分离、完善企业经营机制的具体形式，在我国已经推广。承包制在经济改革中被各个方面利益主体接受，是有其深刻的社会经济根源的。可以说，它是新旧体制因素矛盾冲突和力量对比在某种意义上进入了“相持阶段”的产物。一方面，计划—市场相结合的改革和竞争的出现使国有企业经营方式的改造对于国家和企业都成为迫切的需要；另一方面，在双重体制并存的格局下，企业改革的其他方案因受到旧的利益格局的支配而难以出台，即使出台也会由于旧体制因素决定的经济环境的约束而具有较大的风险。正是在这一大背景下，承包制应运而生。承包制被认为是在保持国家所有制的前提下改善企业经营机制的“权宜之策”，它既没有与传统的产权体制决裂，没有打破旧的利益格局，又能在一定期限内通过承包合同划清国家与企业之间的收益分配关系，减少经常性的行政干预，使承包企业具有一定的经营决策权，从而能激发企业的活力，有限地达到某些改革目标。

但承包制绝不是企业改革的目标模式。承包制并没有解决政企不分、自负盈亏的问题；承包制对于发包方的约束是软的；承包制在所有者与经营者、长远利益与眼前利益的协调上不可能“两全”；承包制企业无权处理企业的资产，不可能对国有资产的损益负责，也无法在社会范围内实现资源的优化配置；在处置承包企业用自有资金扩大投资的资产增量归属上陷入两难；软的预算约束和行政干预的存在使得企业在承包基数、递增率和价格、信贷、补贴等方面主要靠同国家的讨价还价来兑现利益；企业承包预期受制于承包期的长短，这决定了企业的长期发展动力必然微弱。完善承包制是必要的，但承包制的上述缺陷难以通过完善承包制本身获得解决。从承包制的上述缺陷可以看出它本身的过渡性质。[①]

假定我们动态地考察这个问题，那么还应当了解到，承包制不仅没有足够的能量冲破旧体制的束缚，反而可能使旧体制因素在新形式下稳固化。从新旧体制此长彼消的必然趋势与进程来看，这种过渡性质会随着商品经济的进一步发展、市场机制的逐渐完善而日益显露出来。承包制本质上体现着旧体制模式的消极面。当然，指出这一点并不意味着否定它在现实经济体制状态下的合理性，只是从逻辑上证明它不会成为适应新体制要求的国有企业改革的目标模式。

四、对过渡模式的理论概括

通过上面的分析，我们不妨对经济改革的过渡模式做几点理论上的概括：

第一，过渡模式中双重体制的产生，作为新体制的因素对于传统的内在平衡的旧体制的突破，是一种历史性的进步。它是一个新旧体制交汇的矛盾体，它在传统的高度集中的经济体制中引入的市场竞争

① 参看本书第二、三章。

的因素，它对过去作为行政附属物的企业所给予的经营自主权与活力，都代表了生长中的新的经济体制因素对于传统体制一统天下的冲击，并成为新体制得以生存和生长的摇篮。与此同时，旧体制模式某些领域的继续存在制约着新经济体制的成长与发育。两种体制的摩擦与冲突随着新体制因素的生长而日趋尖锐。但不管怎样，这毕竟是我们从传统体制的起点模式向新体制的目标模式过渡中的唯一选择。

第二，由于新旧体制交替中“并存现象”将长期存在，以双重体制为主要特征的过渡模式将在时间上表现出它的长期性。考虑到我国经济改革起点模式的低下会给过渡带来特殊的难度，对于过渡模式延续时间的估计就更应符合客观实际。由于双重体制，特别是双轨制价格的消极作用，持续太久当然会使改革付出较高的成本，但不顾客观实际企图人为地缩短这一过渡期的努力，可能代价更高。避免“人为拖延”和“急于求成”两种错误倾向的关键在于使认识与行为符合于新旧体制更替的客观规律性。对这种客观规律施加主观影响是可能的，但那只能是通过适当的、持续不断的改革措施，加快新旧体制此长彼消的过程来实现。由于新旧体制空间包容度的广阔和各种因素的交互影响，“单科独进”的改革措施在改革涉及领域更加深广的今天很难成功，“配套改革”则日益显示出其重要性。

第三，经济改革过渡模式作为从起点模式到目标模式发展进程，是既不同于起点模式，也不同于目标模式的特殊的体制模式和相对独立的阶段。它不仅是从旧体制转化为新体制的质变过程中的量变，也包含着总体量变中的部分质变。它以它的动态过程和明确的运动方向为其过渡性的主要特征。而这种运动的动力就是它自身内部的正在成长的新体制因素与日趋衰败的旧体制因素的相互斗争，从根本上说是由于生产力和生产关系的矛盾运动。由于改革的各方面环境的综合作用，过渡模式在发展状态上也可能会出现起伏，但应当尽可能地避免停顿和反复。尤其应当注意的是，不能把过渡模式与目标模式相混淆，不能把过渡模式之下所实行的政策当作改革的目标。在经济发展和经济改革整个过程中，并非所有出台的经济措施都是改革措施。即使有些措施是正确的、必要的，但这也不等于是改革措施，只有那种推动向目标模式前进的措施，才能被认为是改革措施。

第四节　经济改革的利益机制

在研究了为实现改革的目标模式而应采取的过渡模式之后，我们有必要深入研究一下改革的动力机制，即推动社会主义改革走向目标模式的机制。如果没有使社会摆脱旧有模式和初始状态而向新的模式与新的状态演进的动力，再美好的目标和再完善的进程设计也只能流于空谈。与研究动力问题同样重要的，是对于改革的阻力的研究，它是对这个问题研究的另一个侧面。十年改革的实践已经证明，任何一项改革措施的成功与失败，几乎都同动力与阻力的力量对比有关。

一、经济利益机制：改革的动力与阻力

中国的经济改革是在利益机制的激励下起步的。“文化大革命”在政治上把国家推向无休止的动荡，在经济上把传统体制推向极端化，再加上中国最贫困地区农民问题的严重性和尖锐性，推动了中国的经济改革的迅猛起步和迅速发展。当成千上万靠讨饭度日的安徽凤阳农民实行包干制时，谁能不为中国农民这种被压抑多年的最基本的物质需求和满足这种起码的物质利益的强烈愿望所震撼！这种强烈的利益追求形成巨大的动力，使广大农民挣脱了传统观念的种种羁绊。改革的明显收益也逐渐说服了对这一变革有所保留的同志，使农村改革获得了绝大多数人的认同与支持。在其他领域的经济改革中，利益机制的激励作用也都有明显的表现，激励人们投身于改革，使经济改革取得进展。

利益机制带给经济改革的不仅仅是激励与成功，也有阻碍与失败。

譬如，在1988年那场目的在于彻底摆脱旧体制模式的“价格改革”之中，许多人用抢购和挤兑的行动阻止了这项改革的实施。社会学者在此前就曾对群众对物价变动的社会心理反应做过较为广泛的调查，调查中发现，认为自己在物价变动面前能做出支持这一改革的积极行动的人只占10％，倾向于做出消极反应的人占了69％，其中35％的人言明自己将会参加抢购。而由于行为倾向的暗示作用和某种非理智性，社会学家们估计实际投入抢购风潮的人会超出这个统计数字。① 的确，当人们看到市场上部分烟酒价格突然上涨了数倍，并真的听到要全面实行价格改革的信息时，当劳动者感到自己多年的辛苦积蓄可能会以同样的幅度贬值时，不少人便投入了抢购与挤兑的队伍。在经济学界，在这以前就有一些人不同意在价格改革上“走大步”，他们主张首先实行所有制改革，即企业体制改革。他们比较了这两种改革思路并指出：“价格改革给人们以负的心理效应，人们一听到价格改革，首先就会想到‘我在改革中失去什么，丢掉什么’。”② 这样，他们对价格改革就怀有一种抵触的情绪，急于采取“自保措施”。这些被实践的发展证明是正确的论述，是对于价格改革闯关失败原因的深刻分析。当一场改革使人民群众感到他们的利益将受到侵害时，它很可能导致群众对改革的不理解，从而阻碍改革的进展。

改革是一个体制转轨的过程，也是一个利益结构调整的过程。它牵动着全局利益与局部利益之间的联系、长远利益与近期利益之间的关系，以及各种社会力量（或称之为“利益集团”）之间的利益关系，等等。应当指出，传统的社会主义体制模式尽管有种种的不合理之处，但它却是一个有利于自我保持协调的相对平衡体。它的高度集中的指令性计划体系，它的经济运行的普遍低效率和低收益，它在平均主义

① 参看中国社会科学院社会学研究的调查报告《群众对物价变动的社会心理反应——八城市居民调查》，《社会学研究》1987年第6期。

② 厉以宁：1986年9月在北京大学的报告。载厉以宁：《中国经济改革的思路》，中国展望出版社，1989年版，第62页。

分配原则基础上的较低的消费水平和它对外界信息的高度封闭性，使它在低水平上构造了一个相对稳定的利益结构。这种结构的不合理性已为人们所公认，改革的目的之一便是打破这种传统结构，并重新构造一个合理的结构。然而在任何方向上对这种低水平结构的冲击，都会同时打乱原有的相对平衡与相对稳定。在经济体制模式转换中，经济利益体系已经发生了深刻的变革。经济利益主体的分化与重组、多元利益主体从模糊不清走向相对独立，是经济体制改革中的重大而明显的变化。由于在各利益主体对自身利益的追求中存在着利益目标之间的差异，存在着利益刚性，存在着宏观与微观上的利益摩擦，经常使经济改革处于“两难”的处境。在经历了十年的改革实践之后，那些立即能给各种社会力量同时带来近期利益与长远利益的“短、平、快”的改革项目已越来越少了，如同1979年主要农产品收购价格调整那种既给农民以很大实惠，又于城市居民的利益基本上无损的措施很难再有了。改革已明显触及到社会深层利益结构的调整问题，因此，正确运用利益机制，发挥它在改革中的正面作用而将负面作用减少到最低程度，尤其显出其重要性。

在经济改革中，各种社会力量之间的利益关系形成了一种互动作用体系。其特点是：

第一，主体性。在经济过程中，各种社会力量都不是只能被动地承受经济改革后果的消极的客体，而都是能够积极主动地影响经济改革后果的积极的主体，都有自己的预期与反应，并且都在为自身利益最大化而谋求在改革中的“最佳效益”。于是经济体制的剧烈变化必然深刻影响到这些主体的权力和利益，这些主体必然会根据对改革中可能出现的后果作出趋利避害的反应。社会利益主体的反应既可能是被动的，也可能是主动的；既可能是消极的，也可能是积极的。在经济改革过程中，改革战略所面临的最大困惑，正是各种社会力量自身预期和反应的不确定性。这种不确定性，使得对动力和阻力的判断变得十分困难。

第二，互动作用。各种社会力量之间的利益关系具有关联性，由此而引起了各种社会力量之间预期和反应的关联性。这种预期和反应的关联性就是一种互动作用，即行动导致反行动或作用导致反作用。也就是说，一种社会力量在经济改革过程中的预期和反应，在很大程度上是根据其他社会力量的预期和反应作出的，这就是经济改革过程中出现的各种“对策”和“攀比”现象。这种互动作用，加大了各种社会利益主体预期和反应的不确定性，并使得对力量对比的全局判断更为困难。以 1984 年的需求膨胀为例。由于拟议中的 1985 年工资和金融体制改革都突出了基数的重要性，许多企事业单位为了增加工资基数，乱提工资、滥发奖金和补贴，致使 1984 年职工工资总额比上一年增加 19%，其中仅第四季度增长额就占全年增长额的 38%；各专业银行为争基数而竞相贷款、甚至送款上门，致使 1984 年银行的各项贷款总额比上年增加 28.9%，其中仅 12 月份的增加额就占全年增加额的近一半。

二、运用利益机制的主要原则

怎样自觉地运用利益机制来指导实践中的经济改革呢？实践已经提供了相当丰富的经验，理论界也对此做过一些有益的探索。从宏观方面看，要防止利益机制在改革中产生过大的副作用，应坚持下述原则：

第一，平衡原则。改革既然是经济关系的全面调整，在改革中就应当尽可能平衡各方面的利益关系，以便使阻力减少到最低限度。例如安徽省滁县地区在最初的农村改革中，很重视平衡农民和农村干部之间的利益关系问题。农民对于推行大包干的热忱是毋庸置疑的，而有相当一批农村基层干部由于对既得利益的考虑，对改革抱观望态度。改革的领导者及时规定了在农村这场大变革的两个“不变”，一是“三级所有，队为基础”的体制变了，但三级干部的身份不变；二是统一分配的方式变了，但干部的报酬不变，并随着农民生活水平的提高而有所提高。这样就把干部与农民的利益在大包干的目标之下统一起来，使他们都成为推动农村改革的力量。①

第二，补偿原则。这是指在难以平衡的利益冲突面前，对利益受损者不同程度地提供补偿，以增强其对某种改革措施的承受能力。补偿原则所依据的理论不仅仅是“等价交换”的原则，而且是人民的生活水平在生产发展的基础上普遍提高的原则。当然，对生活水平的提高，应当主要从长期趋势来理解，但防止生活水平下降，则不仅是应在长期趋势中，而且也应在短期趋势中必须恪守的方针。例如，最近在部分试点地区已取得重要进展的粮食购销体制改革，已使这些地区的粮食购销价格逐步靠近市场价格，在这项改革试点中，广东省的口粮销售价提高了107%，福建省提高了81%，广西玉林市和内蒙古卓资县分别提高了190%和138%，提价的幅度都是相当大的。但是，由于恰当地顾及了消费者的原有利益，对居民发放了相应的补贴，加以适当的宣传解释工作和其他配套措施，结果消费者情绪基本稳定，没有发生社会动荡。补偿原则的运用使得本来不易推行的粮食价格改革在这些地区平稳地实现了。

第三，分散原则。这是指应当采取将整个困难分散化的方式。分散原则的理论依据之一是，改革传统的高度集中的经济体制本质上含有分散化的趋向，它将使微观层次拥有较多的决策权，从而有更大的动力、活力和自我制约力。从这个意义上说，加快企业改革的步伐，使企业成为具有独立的经济利益和经营自主权的、真正自负盈亏的基本经济单位，是增加微观层次对改革的承受力，分散国家所承担风险的重要措施。从另一方向看，在改革遇到难以平衡的利益障碍面前，运用分散原则，由中央、地方直到基层和企业共同承担困难与风险，比由中央独家承担要有利得多。

第四，疏导原则。这是指，应当掌握人们的心理规律，在改革措

① 参看王郁昭：《大包干与大趋势》，光明日报出版社，1987年3月版。

施不可避免地会给人们带来近期利益损失的时候，采取适当手段进行疏导，通过疏导而起到淡化人们的损益感的作用。这是在变动中保持人心稳定、社会稳定的措施之一。如果不采取疏导办法，使得人们注意的焦点集中在“改革中我会失去多少利益，受到多大损失”之上，结果会使得人们的预期恶化，使改革进程受挫。要知道，既然我们坚信社会主义改革事业是代表了全体人民的长远利益的，既然各项经济改革措施或迟或早都会给人民带来实惠，既然对一些触动人们近期利益的改革可以采取各种缓解措施、补偿措施、平衡措施，我们就没有必要对经济改革的某一具体方案去向人们反复强调近期的个人利害得失，而应当尽可能对人们进行疏导，希望他们“看得远些”，不要老是盯住近期的利益变动不放。

应当着重指出的是，由于社会主义制度保证了各利益主体之间根本利益上的一致性，改革中出现的利益摩擦与冲突所体现的不是根本性的对立。这些利益冲突是可以通过上述主要原则以及其他手段的运用而调整好的。社会主义制度具有自我调整、自我完善的能力，这是它优越性的一个体现。与这个问题有关系的，还有思想政治工作、精神文明建设等重要问题，例如进行局部利益与整体利益、当前利益与长远利益之间的关系的教育，树立新的利益观念等等，也是激励和引导人们的行为的重要方面。为了保证改革成功，我们不能忽视这些思想和精神方面的因素的作用。

第五节　经济改革的实施问题

一、经济改革的彻底性与渐进性的统一

研究改革的实施战略要以对中国经济改革的性质、特点和中国的基本国情的认识为出发点。中国经济改革的性质，是社会主义制度的

自我完善。由于改革的起点模式是传统的高度集中的计划经济体制，因此，社会主义有计划的商品经济这一改革目标模式的确立，既意味着经济体制的改变，又包含着对社会主义制度本质上的肯定与继承。

从以上基本认识出发，中国的经济改革应当是彻底性与渐进性的统一。彻底，是指扬弃传统的经济体制，代之以新的经济体制，根治我国经济运行在旧体制模式下的种种弊端，使社会生产力得到一次新的解放。彻底，从微观基础上看，这场计划与市场相结合的经济改革必然要求对运行机制的微观基础重新构造，建立新型的公有制企业。

然而，从实现过程上看，经济改革又只能是渐进的、分步骤实现的，这是由现阶段中国的社会生产力的相对低下，商品经济的相对不发达，以及改造传统体制的艰巨性所决定的。渐进方式的规定性同样是不依人们的意志与愿望而转移的。而从空间上看，渐进，体现于一种特殊的区域分布。这就是说，经济发展的不平衡决定了商品经济发育程度的不平衡，必然会形成多层次的商品经济的梯度结构，因此，不能全国“一刀切”，不能要求在某个时间内全国同步实现一个统一的体制改革目标，而只能选择逐步推进的改革战略。再从经济改革的全局来看，为了推动改革的前进并在改革过程中尽可能减少不必要的摩擦和损失，需要尽可能地争取一个相对稳定的环境，使经济体制的巨大变动能在一个政治稳定、经济稳定、人心稳定、社会稳定的大环境中逐步实现。没有稳定的政治与社会环境，什么建设也搞不成。经济稳定是社会稳定、政治稳定的基础。渐进，有助于正确处理改革与发展之间的关系，有助于经济发展的持续、稳定、协调，而急于求成必然导致经济的不稳定、政治与社会的不稳定。

二、总体目标的确定与阶段目标的分解

过渡模式的阶段性特点使我们有可能在改革总体目标确定的前提下，对总体目标的实现进行阶段性的分解，从而进一步确定各个阶段的目标，将阶段目标作为向改革的总目标过渡的若干具体取向，以阶

段目标实现的积累去接近和实现总体目标。目标分解根据客观事物自身规律，可以是纵向的，即由浅入深或由低到高逐步实现的阶段目标；也可以是横向的，即在各个局部领域依次实现的目标。例如目前实行的企业承包制，它本身含有很多不规范的因素，但是在改革的过渡模式的现阶段，要搞活企业只能先实现低层次的目标，然后才有可能向较高层的企业改革目标前进。再从价格改革的实践看，局部领域内的一些价格改革依次取得了成功，其中最引人注目的是在 1984 年到 1985 年缓步进行的副食品价格改革。市场机制开始引入副食品市场时，最初的反应就是在相对短缺的市场上引起了涨价，但由于价值规律的作用，很快刺激了生产，使副食品迅速丰富起来，人民群众最关心的“有钱能不能买到副食品”的问题得到了解决，事实上提高了人民的生活水平。实践证明，目标分解的方式是“化大震为小震”和“积小胜为大胜”的有效办法。

与此有联系的是，在改革战略上，应当重视社会各种力量的反行动和反作用，注意减少和克服阻力，否则往往欲速则不达。具体来说，要根据实际情况决定阶段性的重点，量力而行，稳步前进。例如，农村改革伊始只是提高了农产品收购价格，落实了按劳分配，以及自留地、家庭副业和集市贸易等项政策，并没有提出对政社合一的人民公社制度进行根本改造的任务。这是因为，在当时，党的实事求是的思想路线刚刚重新确立，从上到下方方面面的思想还不够解放；当时，较彻底的农村改革措施在一些人眼里就是搞资本主义。然而，作为阶段性工作重点的国家、集体和农民个人之间利益关系的调整，调动了广大农民的生产积极性，促进了农村生产力的发展。农村改革积极稳妥的初始目标的实现，为农村改革的深化奠定了雄厚的物质和动力基础。由于经济、社会发展的不平衡，经济改革不可能在全国范围内、在各个领域中齐头并进。但这种不平衡又为改革的局部突破提供了可能性。改革从局部突破到全面推进，不仅是选取了稳步发展的渐进方式，而且通过局部试点取得的经验，将使全面推进的改革措施更为完善。局部试点，总结推广，这也体现了分阶段进行改革的方针。

在操作上，关键是突破口的选择。应当尽可能把经济改革的突破口选在全局有决定意义而阻力又较小的关键环节，在一定阶段内先予以解决，并由此对全局发生影响。如果不顾主客观情势，不顾改革的阶段性，将突破口选在那些阻力很大的环节强行“攻坚”“闯关”，必然会遭到挫折。

总之，本章从经济改革的起点模式、目标模式、过渡模式、改革的利益机制、改革的实施问题等方面对经济改革战略进行了探讨。本章试图回答的是：“我们原来在哪里”，“我们要到哪里去”，“怎样才能到达目的地”这三个问题中的最基本之点。关于中国经济改革的若干具体的理论与政策，将在下面各章展开论述。

第二章　企业改革——经济改革的主线

第一节　企业改革与治理通货膨胀的关系

正如上一章在讨论经济改革战略问题时所指出的，研究经济改革战略的目的是为了研究如何使中国经济走向繁荣。而在我们着手分析中国经济繁荣之路时，必须从 1985 年以来的一个突出的经济现象——通货膨胀谈起。

一、对近年来物价上涨问题的认识

1985 年以来，我国广大城乡居民对物价的议论较多。① 特别是一些低工资收入者，对物价上涨深表不安。这种情况完全可以理解。他们问道：为什么会造成物价上涨？通常所得到的回答是：由于社会总需求较大地超过了社会总供给，以至于商品供不应求，货币流通量过多；而社会总需求较大地超过社会总供给，则又来自基本建设规模过大和消费基金增长过快。但我们对当前物价上涨问题的认识不能停留在这个水平上，而有必要作进一步的分析。

我们知道，物价上涨是通货膨胀的一种表现形式。通货膨胀在我国由来已久。可以说，从 1958 年就已经存在。通货膨胀分为两类，一

---

① 据国家统计局公布的全国零售物价总指数，以上年价格为 100，1981 年—102.4，1982 年—101.9，1983 年—101.5，1984 年—102.8，1985 年—108.8，1986 年—106.0，1987 年—107.3，1988 年—118.5，1989 年—117.8。（国家统计局综合司编：《全国各省、自治区、直辖市历史统计资料汇编（1949—1989）》，中国统计出版社，1990 年版，第 32 页。）

类是公开的通货膨胀，即货币流通量过大以物价上涨形式表现出来。另一类是隐蔽性的通货膨胀，这时，虽然货币流通量过大，但由于物价受到严格管制，所以名义价格并未上涨，隐蔽性的通货膨胀表现为有价无货，有钱买不到商品，或者商品交易转入地下，黑市价格大大高于名义价格。1958 年以后，直到 1978 年底召开十一届三中全会以前，我国长期存在着隐蔽性的通货膨胀，当时人们不得不在商品奇缺的条件下生活。1979 年以后，尤其是 1985 年以后，通货膨胀公开化了，所以造成了物价上涨，然而市场上的商品供应却比较充足。通货膨胀，无论是公开的还是隐蔽性的，都需要设法消除，我们不能认为隐蔽性的通货膨胀一定稍好于公开的通货膨胀，但与此同时，我们也不能认为只是推行经济改革以后才出现通货膨胀，从而把通货膨胀看成是改革的必然产物。

通货膨胀与投资需求和消费需求过大有关。但是不是增大投资和增加消费基金就一定会引起通货膨胀呢？对这个问题，需要从投资和消费基金的具体情况来进行分析。物价上涨来自社会总需求过大，来自商品供不应求。为了缓和商品供不应求，必须增加供给，而增加供给通常与扩大生产能力有关。因此，增加投资、扩大生产能力有可能成为降低物价上涨率的手段。1985 年以来，在我国，究竟是什么原因使增加投资成为导致通货膨胀的因素？这主要是由于资金的利用效率低，重复建设的项目多，以及投资以后迟迟未能形成生产能力。再从消费基金增长而言，并非任何情况下的消费基金的增长都会导致通货膨胀。1985 年以来，在我国，主要是由于消费基金增长率高于劳动生产率增长率，社会总需求的增加大于社会总供给的增加，这就引起了通货膨胀。由此可见，针对着我国的具体情况，为了治理通货膨胀，应当大力压缩那些非生产性的楼堂馆所的建设，压缩重复性的建设，压缩资金利用效率低的建设，而不能一刀切，否则会限制有效供给的增加，对缓和供求矛盾不利；同时，应当制止工资奖金支出中的盲目攀比，控制社会集团购买力，但在限制消费支出时同样不能搞一刀切。

如果连合理的消费支出也被压缩掉，这将会挫伤工人的生产积极性，同样会对缓和供求矛盾不利。

通货膨胀是不是单纯由于举借了内债和外债引起的？这又是一个容易造成认识模糊的问题。在以前的较长时间内，我们一度把“既无外债，又无内债”作为经济政策的目标之一，而不了解这种做法是与低的经济增长率相联系的，也就是与社会总供给的严重不足相联系的。八十年代内，由于推行了发展经济和对外开放的政策，内外债务确实都增加了，但是不是仅仅由于举借了内债和外债而引起通货膨胀呢？并非如此。债务与通货膨胀的关系主要取决于两个条件。一是这些通过借债而筹集的资金是否被有效地使用，能否迅速形成可以偿还债务的生产能力？二是内外债务占社会总产值的比例是否超过了限度，从而使社会无法承受这样大的债务？从后一种情况来看，无论是内债还是外债目前都还没有超过限界，因此，应当着重分析的是第一种情况，即这些资金是否被有效地利用了。不能否认，确有一些通过举借而筹集的资金被用于重复建设或效率低的项目，这就是当前在治理通货膨胀中应当大力制止的和纠正的。换言之，只要内外资金使用得当，能使生产能力、还债能力迅速增长，适当地举借并不是导致通货膨胀的因素。通过借债所筹集到的资金的利用效率越高，越有助于缓和商品供不应求的矛盾。

有人指出：既然当前存在着商品供不应求，那么取消价格双轨制，全面放开价格，不就可以刺激供给增加，导致需求下降，实现供求平衡了吗？在这里，不妨先作如下的回答。假定我国的市场是完善的，资源供给又有保证，而且企业具有利益和预算的约束，那么价格的放开可以收到促进供求平衡的效果。但现实并不是这样。在市场不完善和资源供给约束的条件下，价格放开后，供给不可能相应地增加；而在企业缺乏利益约束和预算约束的条件下，价格放开以后，需求也不可能相应地下降。因此，目前就取消价格双轨制和全面开放价格，只会引起物价的轮番上升，供求之间的缺口却不会立即消失。这告诉我们，价格改革只能分阶段地进行，而不能寄希望于“一步到位”。价格的放开不可能孤立地进行。关于这个问题，本章第二节将展开论述。

总之，在我国，当前具有重要意义的是正确理解通货膨胀的由来及其解决途径。假定对这个问题缺乏正确的认识，误认为这一切都是改革所造成的，那么不但找不到中国经济繁荣的道路，而且会自觉地或不自觉地退回到改革前的旧体制、旧道路上去。

二、从需求和供给两方面来治理通货膨胀

从现象上看，前面已经提到，通货膨胀和市场的不稳定来自社会总需求较大地超出社会总供给。我们可以把这种现象称作经济的失衡。经济的失衡可分为总量失衡和结构性失衡两类。总量失衡明显地表现为一般物价水平的上涨。而在关键性产品的需求超出该类产品供给较多的情况下，结构性的失衡明显地表现为该类产品价格的上涨，从而带动一般物价水平的提高。因此，要消除市场的不稳定，需要消除经济中的总量失衡和结构失衡，也就是要消除来自总量和结构两方面的需求大于供给。宏观经济管理部门可以采取的措施，无非是抑制需求和增加供给。抑制需求旨在使需求适应于现有的生产力水平，可供选择的具体措施包括：削减基本建设投资，停建缓建一批工程；对投资资金来源进行限制，如限制自筹资金的建设和紧缩银行信贷；增加税收；提高存款利率和贷款利率；压缩社会集团购买力；控制工资奖金的总量和增长率；发行政府债券，回笼货币；减少库存商品储备；减少市场承受的压力；出售商品住房，等等。所有这些抑制需求和回笼货币的措施，都是有效的，只要认真贯彻，社会总需求过大或关键性产品需求过大的情况，就可以缓和下来。

但抑制需求是治标的办法。这是因为，抑制需求的各项措施只不过使需求适应现有的生产力水平，而未能用提高生产力水平的办法来适应现有的需求。不仅如此，过度抑制需求可能给生产力的提高带来困难。比如说，对银行信贷的过度紧缩可能使企业的正常生产经营活

动遇到麻烦，对自筹资金建设项目的过分限制可能挫伤企业生产的积极性，某些在建工程项目的中止可能使资源有较大的损失。因此，抑制需求是必要的，但必须适度而不能过分。

增加供给与抑制需求不同。增加供给，归根到底是在提高生产能力的基础上实现的，供给的增加意味着生产力水平的增长，用增加供给的办法来解决供不应求问题，不仅行之有效，而且具有决定性意义。当然，增加供给并不等于不需要抑制需求，可以在适当地抑制需求的同时采取各种增加供给的措施，但在指导思想上应当明确：只有增加供给（这里指增加有效供给而言），才是缓解供不应求的根本措施。

增加供给无疑需要追加投入，但投入的追加势必又会增加需求，从而与抑制需求的意图恰好抵触。在宏观经济管理中，当面临社会总需求已经较大地超过社会总供给，从而有必要适当抑制需求时，不能把增加供给的希望主要寄托在追加投入之上。较为可行的办法是在尽可能少追加投入的条件下增加供给。这样，生产要素的重新组合和调动企业、职工的积极性便成为可供选择的增加供给的主要措施了。

生产要素的重新组合涉及财产关系是否明确的问题。如果企业的产权模糊，固定资产的归属问题未能确定，那么重新组合生产要素将是十分困难的。因此，要促进生产要素的重新组合，必须深化企业制度的改革，明确企业的财产关系，使企业的固定资产有确定的所有者、经营者，然后就可以在此基础上推进企业合并，鼓励企业相互参股，加速企业集团的建立，进行优化产业结构、产品结构的各项调整，以达到在尽可能少追加投入的条件下增加产品和劳务的供给。

企业和职工积极性的增长在很大程度上与企业收益分配制度改革的深化有关，而企业收益分配制度改革的深化也必须依赖于企业产权的明确化，依赖于企业真正转变为自主经营、自负盈亏的经济实体。只有企业改革取得了成效，企业的收益分配制度的改革才能取得成效，企业本身的积极性和企业职工的积极性才能被调动起来，从而企业才有可能在现有生产设备的基础上提供更多的产品。

再从抑制需求的角度来考察这个问题。正如前面已经指出的，抑制需求的两项重要措施是压缩基本建设投资和控制消费基金的增长率，而要使这两项措施有效，深化企业改革同样是必不可少的。要知道，如果企业通过改革而成为自主经营、自负盈亏的经济实体，那么企业就会形成自我约束消费基金增长的机制、自我调整投资数量和投资方向的机制，企业行为也必然受到预算的约束、利益的约束，于是无效益的、低效益的追加投入将会被企业自行制止，企业也就会自行控制消费基金的增长率，使之低于劳动生产率的增长率。

这清楚地说明，无论从供给方面看还是从需求方面看，深化企业改革对于稳定市场都有着积极的重要的意义。

此外，我们还必须注意一个情况，即市场的不稳定固然同社会需求的过大、可供商品数量的有限有关，但它在一定程度上也依存于居民对市场前景的信任程度。只要居民对市场前景有信任感，即认为目前买不到的商品，过一段时间总可以买到，而且价格不会上涨得很多，那么居民就会继续把手头的货币存入银行，市场上不但不会出现争购商品的现象，甚至可能出现市场疲软。当然，在商品短缺的情况下居民推迟了的消费以及由此形成的储蓄存款，仍然是对市场的压力，但那是潜在的压力，而并非现实的压力，只要能够维持居民的这种信任感，潜在的市场压力不一定会转化为现实的市场压力，经济中也就不会发生较大的动荡。

然而，一旦市场的正常秩序被破坏了，紧俏商品倒买倒卖之风越来越厉害了，居民对市场前景的预期就会起变化，他们的预期就会变得越来越不稳定，这样，他们就有可能把延期的消费变为现实的消费，提取存款，争购商品。这种对市场信任感的减弱，必然会把过多的需求所形成的对市场的潜在压力变为对市场的现实压力。因此，要增强居民的稳定感，除了要努力增产居民所需要的商品和加速流通体制的改革而外，整顿市场的秩序也能发挥巨大的作用。这是因为，垄断经营、流通中间环节过多、交易的非公开化和非货币化、地区相互封锁、

“官倒”与“私倒”勾结等等，不仅有可能使本来短缺的商品更为短缺，使本来已有上涨趋势的商品价格上涨的幅度更大，而且使广大居民受到盘剥，使他们对市场前景的信任程度大大降低。流通体制改革的任务就在于完善市场体系，整顿市场秩序是为了建立正常的市场秩序，促进公平竞争。因此，减少流通的中间环节，保证商品流通，实行交易的规范化，取缔“官倒”，打击“私倒”，加强市场监督与管理，都是稳定市场和增强居民对市场的信任感的必要措施。

当人们手持现金和活期存款过多时，还必须考虑这些现金和存款的去向。应当指出，它们的去向是受限制的，城市居民的货币的用途甚至比农民的货币的用途还要少。不对这些现金和存款进行合理的引导，经济中的不稳定因素不会消除。现在，让我们结合城乡居民的预期问题，对这一可能导致经济不稳定的因素进行一些分析。

1988 年下半年起，由于城乡居民预期紊乱而造成的提取存款、抢购商品的风潮，引起了市场的不稳定，也进一步促进了物价的上涨。在政府各部门的努力下，特别是在治理经济环境之后，情况逐步好转。通过 1989～1990 年的治理整顿，通货膨胀势头确实被抑制住了。但应当注意到，经济中的隐患并未消除。隐患之一在于城乡居民目前手头持有的货币量过多和城乡居民的三年以下储蓄存款额过大。尽管到 1991 年初，市场还不兴旺，但只要市场上再有风吹草动，很难保证这些现金和存款不会冲向市场，也很难保证城乡居民不会再度失去对市场的信任感。抢购行为会加剧人们的预期紊乱，这正是令人担心的事情。

要知道，通货膨胀率与人们的价格预期之间的关系并不是规则的。在一般情况下，物价即使略有上升，只要人们的预期仍是正常的，就不会酿成大问题。但是，通货膨胀率超过某一个界限之后，人们的预期就会从“渐变”转为“突变”，预期也会从“适应性的”变为“预防性的”，购买行为则会从“适度滞后”变为“同步”，再变为“超前”。一旦预期变为“预防性的”和购买行为变为“超前的”，人们的经济行为的不规则性就大为增长，不少宏观经济预测的手段也就失灵了。因此，当前一项重要的工作是如何稳住居民储蓄存款，以及如何使那些有可能随时冲入市场的消费基金分流，把它们引导到有利于稳定经济的方向去。

前面已经指出，压缩基本建设规模，严格控制社会集团购买力，抽紧银根，在1988年那样高的通货膨胀率之下，是必要的。当然，紧缩不宜过度。过度紧缩必然使企业的活力受限制，尤其是会损害那些有经济效益的企业的生产经营，从而不利于有效供给的增长。一般说来，物价上涨率过高会导致人们提取存款，抢购商品。人们会想："迟买不如早买，迟买，价格还要上涨"。但是，在治理整顿之后，如果企业活力下降了，企业生产萎缩了，尽管物价并未上涨或只有轻微上涨，但人们也有可能提取存款，抢购商品。这时人们会想："迟买不如早买，迟了就买不着了。"所以有效供给的下降同样会加剧城乡居民的预期失衡，造成市场的混乱。

这一切表明了稳住存款并使消费基金分流的必要性。抽紧银根，关住闸门，主要是有利于防止市场上的货币量继续增多。唯有使消费基金分流，才能把已经过多的货币引出"随时可能冲向市场的"消费基金行列。然而，正如前面强调的，城乡居民可供选择的消费范围太窄，可供选择的投资机会太少。居民的存款和手持现金除了购买食品、衣着、家具、家用电器等外，几乎没有别的去向。因此，当前除了有必要继续采取一些措施来稳住居民存款和开展专项商品预购储蓄以外，宣传并落实政府对待个体、私营企业的政策，使个体、私营企业的经营者解除顾虑，增加投资，扩大生产规模；出卖公有的居民住宅、职工住宅；发行债券、股票等措施，都有助于合理引导人们手中货币的流向，减轻市场所面临的压力。这样，市场的持续稳定也就有了希望。

第二节　企业具有充分活力是价格放开的前提

迄今为止，经济学界至少已经取得以下的共识：价格不合理、价格体系缺乏弹性是经济稳定和走向繁荣的障碍，因此，取消对价格的管制，放开价格，是深化改革的迫切要求，但是，对于怎样推进价格改革，在价格改革过程中要注意哪些问题，经济学界仍然存在分歧。正如本书第一章所指出的，主要有两种不同的思路：一是，把价格改革放在首位，认为应当及早全面放开价格，只有价格全面放开了，经济才能够转入健康发展的轨道。另一是，不能把价格改革放在首位，而应当把企业制度的改革放在首位；不宜过早地全面放开价格，而应当先着手改革现行的企业体制：企业成为有活力的市场主体，价格自然就放开了。

值得注意的是，这两派都对战后日本的价格改革历史进行了研究，都援引战后日本价格改革的经验来作为自己论证的依据。[①] 主张及早放开价格的人们指出：日本经济在四十年代后半期是相当困难的，但从 1949 年起，由于日本进行了卓有成效的价格改革，逐步建立了自由价格制度，因而很快就使经济好转了，可见，价格改革对于战后日本经济的复兴起了主要的作用。按照这种看法，现阶段的中国也应当像当初的日本那样，下决心早日取消价格双轨制，放开价格，促进经济发展。但主张以企业改革作为改革主线的人们则指出，虽然日本从 1949 年起，由于价格的放开而导致了经济的复兴，但不能认为价格改革是促成日本经济走向繁荣的最重要的措施。这是因为，在实行价格改革以前，日本的企业体制已经发生了重大的变革，这才保证了日本

① 除了援引战后日本的例子以外，战后初期西德经济复兴的历史也被两派所援引。对西德经验的论述与对日本经验的论述是相似的。因此，在这里就只讨论日本的经验而省略了对西德经验的讨论。

价格改革取得成效。现阶段的中国经济要走向繁荣，关键的问题是要改革中国的企业体制，而不是首先放开价格。生硬地搬用战后日本采用过的放开价格的作法，只会给中国经济带来混乱，甚至导致中国经济改革的失败。

为了更好地说明战后日本价格对我国的启示，以及为了较深入地对中日两国的价格与企业问题进行比较，下面，让我们先回顾一下战后日本价格改革的背景。

一、正确对待战后初期日本价格改革的经验

第二次世界大战结束时，日本商品匮乏，物价猛涨，经济情况恶化，因此，从 1946 年上半年起，日本实行了严格的价格管制措施和对若干重要商品（包括生产资料和消费品）实行配给制度。即使这样，经济仍未摆脱困境。以粮食情况为例，1946 年上半年，日本发生了全国性的粮食配给不足和推迟配给的问题。物价虽然表面上是受管制的，但黑市价格却不断上升，而严重的失业问题与严重的物价问题纠缠在一起，造成了社会的动乱。到 1948 年，这种情况还没有好转的迹象。

日本经济怎样才能复兴和转向繁荣，这是日本政界和经济学界面临的迫切问题，也是美国占领当局急于想解决的问题。当时，日本经济学界主要有三种观点：一是主张严厉地紧缩通货，消除通货膨胀，为经济的发展创造条件。二是主张首先扩大生产规模，靠经济发展来促进经济的稳定。这种观点虽然不是公开地主张用通货膨胀的方式来发展生产，但实际上则认为对通货膨胀不必过于担心。第三种观点介于前二者之间，它被称为“中间稳定论”，即主张一边复兴，一边实现经济稳定。日本的经济安定本部所提出的“中间经济稳定计划”正是以第三种观点为依据的。

“中间经济稳定计划”于 1948 年夏天提出，但很快被美国占领当局和美国政府所否定，而由美国方面直接提出了“稳定经济九项原则”（1948 年 12 月 18 日公布）。这“九项原则”的内容是：1、实行平衡

预算，压缩财政支出；2、改革税制，严格征税，重罚偷税漏税者；3、限制信贷支出；4、稳定工资；5、加强对物价的管制；6、改善对外贸易的管理；7、对出口工业的原材料实行重点分配；8、增加国产的原材料和制成品的生产；9、改进粮食供给工作。

美国方面当时以非常强硬的态度和措辞，要求日本坚决贯彻上述“九项原则”。而为了贯彻“九项原则”，美国底特律银行总裁约瑟夫·道奇以公使资格来到东京，作为麦克阿瑟的经济顾问，负责制定和推行具体实施“九项原则”的措施。道奇认为，日本当时的首要任务是稳定经济，克服通货膨胀。“道奇计划”于 1949 年 4 月起开始推行。其中，主要的措施有：

第一，增加税收，节省开支，保持预算的平衡。由道奇主持制定的 1949 年财政预算，不但没有赤字，反而有盈余。

第二，从 1949 年 4 月 25 日起，实行 1 美元兑换 360 日元的单一汇率。这一汇率比一般预料的 1 美元兑换 320 日元左右的汇率稍低一些，从而有利于出口。同时，放松了日本对外贸易的管制，民间对外贸易的范围扩大了。

第三，规定出售美国经济援助物资的货款要存入特别账户，置于美国占领当局的管制之下，日本政府只有取得了美国占领当局的同意后，才能动用这笔资金。这笔资金主要用于偿还政府债务、购买公债，以及对政府和私营的电力、通讯、运输和金融企业进行投资。这项措施的实施，一方面有利于货币回笼，减少货币流通量，另一方面又加强了基础设施的建设。

战后日本的价格改革就是在经济开始趋于稳定的过程中进行的。当时，价格改革的涵义是：逐步废除价格管制和商品配给制度，向自由价格和自由购销制度过渡。由于从 1949 年下半年起，价格有所下跌，黑市价格与官方价格之间的差距开始缩小，因而为价格改革创造了较好的条件。据统计，从 1949 年 4 月到 1950 年 4 月，配给的商品由原来的 57 种减少到 16 种，官方定价的商品种类也大大减少。到

1950 年夏天，除少数商品（其中包括粮食）外，大部分商品都实现了自由价格和自由购销制度。至此，战后日本的价格改革任务基本完成了。

中国经济改革中主张及早放开价格的人们，正是以战后日本经济在道奇计划之下趋于稳定和转向发展的历史，作为自己立论的依据之一的。

为什么价格的放开会在 1949～1950 年的日本起到这么大的作用呢？能否把日本经济复兴主要归功于价格的放开呢？我们认为是不能的。中国经济改革中的“价格改革派”在理论上的弱点，就在于孤立地看待价格问题，而忽略了价格与企业之间的必然联系。

企业是市场的主体。企业在参加市场活动时，不仅单纯地接受市场发出的价格信号，而且还要根据市场发出的价格信号来调整自己的供给与需求。企业只有在成为真正的、独立的商品生产者的条件下，在既有利益约束，又有预算约束的条件下，才有可能接受市场发出的价格信号，也才有可能根据市场发出的价格信号来调整供给与需求，以适应市场上变动着的状况，并使自己在变动着的市场上实现预期的利益。反之，企业如果缺少对价格信号的灵敏的反应，既不受利益约束，也不受预算约束，那么即使它在一个全部放开价格的经济环境中活动，价格的变化也不会引起供求的相应变化，社会的供求比例也仍然难以趋向平衡。这一点应当成为我们比较中日两国价格与企业关系时的出发点。

在日本，企业作为私营的经济单位，一直是有利益约束和预算约束的。但必须指出，在第二次世界大战结束后不久，在美国当局的干预下，日本进行了企业的改组和重建工作。通过改组和重建，日本的企业制度与战前相比有了很大的变化。战后日本的价格改革之所以能够取得显著的成绩，与日本通过企业的改组、重建，从而确立了的自由企业制度有着紧密的联系。可以肯定地说，企业的改组和重建是战后日本经济复兴的关键，也是 1949～1950 年日本取消价格管制和放开价格的前提。

1945年10月，美国占领当局要求日本15家财阀（包括三井、三菱、住友、安田、富士等）提出有关业务内容和资本结构的报告；同年11月，又颁布了冻结财阀资产的命令。1946年9月，美国占领当局命令解散三井总公司和三菱总公司；11月，又公布了企业重新整顿法和金融机构重新整顿法。1947年4月，公布了禁止垄断法。在美国占领当局的强制推动下，战前在日本经济生活中占据主导地位的财阀体制被废除了，以财阀家族血缘关系为基础、通过持股制度而直接控制各个产业部门的、经济与国家权力牢固结合的财阀体制的被废除，为现代资本主义经济条件下的自由企业制度在日本的建立扫清了道路。

在自由企业制度之下，大企业以分散的股权为特征而组织起来，中小企业或者采取了股份公司的形式，或者采取了合伙和独资经营的形式。不论是大企业还是中小企业，都以民间企业的资格，也就是以平等的市场交易者的资格参与市场竞争。政府主要在公用事业等领域内以参股的方式（也有百分之百由政府持股的企业）来经营，但在一般工商业中，政府只是经济的管理者，而不是财产的所有者。三井、三菱、住友等等企业的名称至今仍然存在，但这些大企业在性质上已经不同于战前的财阀体制了。

自由企业制度的建立，是战后日本财产关系的重大变化。战前的财阀体制虽然也奠基于私有制之上，但那是带有浓厚封建性质的，并且是政权与所有权在相当大程度上结合的私有制，而战后的自由企业制度则是政权与所有权分离的、民间企业形式的私有制。当然，日本的企业的大发展是在五十年代以后，也就是在取消价格管制和商品配给制度以后，但1946～1949年间财阀体制的废除和自由企业制度的开始建立，无疑是价格改革得以顺利推行的先决条件。

当转而考察现阶段的中国经济时，我们就会发现，中国的企业，尤其是国有企业，目前是缺少适应价格放开的条件的。到目前为止，中国的国有企业不是市场活动的利益主体，企业生产经营的好坏和盈利多少同企业自身没有明确的关系，他们既不承担投资风险和经营风险，也不对利润的再投资十分感兴趣。实际上，企业仍是行政机构的附属物。在这种情况下，如果放开了价格，企业或者适应不了市场的变化，从而成本上升，收入下降，影响财政收入；或者，企业由于缺乏利益的约束和预算的约束，对价格的变化和市场的变化没有反应，从而供求数量没有变化；或者，企业把成本的上升所带来的损失转嫁给消费者，导致物价继续上涨。这就与自由企业制度之下的日本企业的处境大不相同。日本的企业迫于竞争的压力，迫于利益的约束，即使从企业自身的命运出发，也要竭力使自己适应于市场的变化。摆在它们面前的，只有以下两条道路：一是提高效率，降低成本，渡过价格放开以后因价格和成本上升而造成的难关；二是企业破产、倒闭。企业必须在二者之中作出选择。但中国的国有企业在现阶段却没有破产、倒闭的危险，也不必把提高效率和降低成本放在首位。在中国的国有企业作为行政机构附属的地位没有改变的情况下，竞争的外在压力和内在动力都是不充分的，甚至是不存在的。

进一步分析，我们可以看出，在日本的自由企业制度下，由于企业的财产关系十分明确，企业可以根据价格的变化和市场的变化而进行生产要素的重新组合。生产要素的重新组合将提高效率，使企业能向社会提供更多的商品，以缓和商品供不应求的状况。在日本，价格放开以后，社会供求矛盾之所以能够较快地缓和下来，是与企业之间的联合以及生产要素的自由流动和重新组合分不开的。然而，在现阶段的中国，这一条件也是不具备的。这是因为，中国企业的财产关系不明确，政企不分，企业的固定资产的归属不清，企业不可能成为自由变易和转让的对象，这就严重阻碍了生产要素的重新组合，而生产要素重新组合的困难又必然使得企业难以在价格放开之后，通过联合、合并、固定资产转让等方式来提高效率，从而增加商品供给量。

上述这些表明，如果在中国不首先在公有制基础上进行企业体制的改革，使企业成为自主经营、自负盈亏的公有制经济实体，价格的放开只能加剧经济的混乱，而不可能导致像战后日本价格改革所带来的那种结果。

二、企业家素质与价格改革

与企业制度密切有关的是企业家群体的形成及其作用的发挥。即使企业已经有了独立的商品生产者的地位，也不能保证它们在竞争中灵活地适应市场上供求比例的变化。在这里，还需要一个条件，这就是需要有企业家，需要由企业家来充分施展才能。战后的日本是具备这一条件的。在财阀体制被废除后，一大批原来在大企业中居于领导地位的、与财阀关系密切的企业领导人被解职了，代之而起的是原来在大企业中以经营专家和技术专家身份担任中层领导职务的职员。在自由企业制度建立以后，他们凭借自己的才干，在经营中大显身手。此外，自由企业制度的建立，也使得更多有经营才能和经营眼光的人成为创业者，并且迅速成为战后日本企业界的中坚力量。在价格放开之后，日本的企业之所以能够打开新局面，开拓新市场，引进新技术，发展新产品，与这些自由企业制度下涌现出来的企业家的努力是分不开的。

然而在现阶段的中国，却不存在通过市场竞争和企业经营而在国有企业中形成名副其实的企业家的条件。在企业不能自主经营、自负盈亏的条件下，国营企业的领导人，不管他们个人有多大的才干，他们仍然要听命于上级主管部门，如果上级主管部门所安排的生产任务并不适合市场和消费者的需要，他们也只好接受。在这样的条件下，是形成不了真正的企业家的。加之，在进行企业改革以后，企业不一定立即由具有组织能力和创新精神的企业领导人来主持，如果这样的话，企业也仍然不会提高效率和适应新的市场环境。当然，在企业体制改革以后，企业家会涌现出来，企业家的素质会提高，企业家也会取得充分施展才能的机会，但这需要一个过程。中国缺乏企业家和一些企业领导人的素质不高，既影响企业的发展，也不利于价格改革以后企业效率的提高。

其实，不仅企业领导人的素质影响着企业的发展，影响着企业对价格放开所导致的成本上升的消化能力，而且企业职工的素质对这些也有重要的影响。这同样是一个与企业体制有关的问题。从本质上看，中日两国的工人都是聪明的、勤劳的，但为什么日本企业中的职工的平均素质高于现阶段中国企业中的职工的平均素质呢？这主要是由于中国经济中平均主义倾向的作祟。在中国的国营企业中，存在着“铁饭碗”和“大锅饭”，即使工人的技术水平不提高，工人的劳动纪律松弛，企业管理人员不称职，不认真进行管理和经营，工人也照样可以在企业中混日子。要辞退一个不称职的职工，是非常困难的事情，企业领导人往往为此而着急。由于在升级和增加工资方面存在着种种限制，以及由于升级和增加工资与工人本身的技术水平脱钩，与企业的经济效益脱钩，所以工人没有刻苦钻研技术和关心企业经济效益的积极性，企业领导人对此也无能为力。在这种情况下，企业家能有多大作为呢？企业职工的素质又怎么会提高呢？在日本的企业中，由于企业是自主经营、自负盈亏的经济利益主体，企业职工的命运首先是同本企业的命运联系在一起的，不管企业是否实行终身雇佣制，职工必定尽心尽力地工作，必定不断提高自己的技术水平。只有企业盈利了，职工的职业才有保障，他们工资的增加和生活改善才有希望。如果企业破产了，倒闭了，职工的饭碗也就打破了。可见，即使说某些日本企业中的终身雇佣制也是一种“铁饭碗”的话，那么这是与企业本身的命运联系在一起的“铁饭碗”，而不像中国国有企业中的职工那样，躺在国家身上，靠国家给的“铁饭碗”吃饭。

中国现阶段既缺少形成企业家的机制，又缺少可以调动企业职工提高自身积极性的机制，其原因都在于企业体制没有得到实质性的改造。企业体制的改革是根本性的改革。企业体制的改革必然导致企业家群体的形成和企业家素质的提高，导致企业职工积极性的增长和职工素质的提高。因此，只有在中国的企业体制改革取得成效后，价格的放开所造成的良好环境才能被企业所利用，价格的放开才能推动中国经济转入健康发展的轨道。

三、价格放开的环境及其与企业改革的关系

战后日本的价格改革之所以能够迅速取得显著的成就，除了主要依赖于自由企业制度的建立之外，还与美国占领当局根据道奇计划大力治理经济环境的工作进展有关，以及与1950年6月朝鲜战争爆发所引起的经济形势变化有关。

关于治理经济环境问题，前面已经有所说明。在道奇计划执行过程中，财政支出被大大压缩，税收则增加很多，从而导致了财政收支的盈余。财政盈余，再加上信贷的压缩，使货币流通量不再继续增大，并迫使黑市价格下降，这就为下一步取消价格管制准备了条件。在这里还需要指出，从1949年到1950年，日本在对外经济方面曾采取了一些重要措施。如1949年12月，宣布将出口贸易转为民营；1950年1月，又将进口贸易转为民营；1950年5月，公布了外资法等等。这些也都有助于日本经济的复兴，并对缓和当时日本社会的供求矛盾起了积极作用。

从日本的经验中我们可以看到，价格的放开和自由购销制度的推行必须在货币流通量的增长比较平稳，以及企业同外部市场的联系趋于正常的情况下进行。现阶段的中国还缺乏这样的条件。近年来我国的固定资产投资规模失控，消费基金增长率偏大，从而导致了货币流通量的剧烈增加。1985年以后的几年内，物价上涨的势头之所以难以抑制，正在于投资需求与消费需求过大。如果不扭转这种形势，价格放开无异是给物价的继续上升以新的推动力。当然，我们并不认为需求大于供给的格局在短期内就会消除，我们也不指望通过某些紧缩措施就能使供给与需求达到平衡，因为过度压缩需求可能会引起供给的相应减少，从而使供给仍然小于需求，但无论如何，必须在供不应求的状况有所缓和之后，才能放开价格。

从外部经营环境来说，战后日本经济的迅速恢复还有其特殊的条件。1950 年朝鲜战争爆发后，由美国出钱，在日本购买了大量的物资和劳务，这被称为“特需”。“特需”物资不仅包括武器、弹药等军用物资，而且包括汽车、棉布、建筑材料、纸张等民用物资。“特需”刺激了日本经济的增长，并且使日本得到了大量美元收入。而进口和出口贸易转为民营的措施，则使得恢复过来的日本企业在国际市场上逐步活跃，使日本的国际收支连续出现盈余，这为以后的经济发展创造了良好的条件。应当承认，这是战后日本经济恢复过程中所遇到的一个特殊情况，在分析战后日本价格改革的效果时，我们不能不考虑这个因素。

尽管如此，我们仍能联想到：当外部环境比较适合企业的发展时，企业能否利用这种有利的环境，抓住机会，则取决于企业本身是不是有活力，因为外因是变化的条件，内因是变化的根据，外因是通过内因而起作用的。在日本，企业具有活力这一事实决定了企业能够利用从 1950 年起对日本企业发展有利的机会和有利的环境，否则，即使在客观上具备了适宜企业发展的环境，也可能被白白错过。

我们一再被提醒：当前的国际经济形势对我们是有利的，我们以往已经错过了若干次机会，这一次再也不能丧失大好时机了。这个提醒是十分必要的。但是，我们必须作进一步的思考：不对我国现存的企业体制进行一番实质性的改造，我们的国有企业能够利用客观有利的国际经济环境吗？能不再度错过有利的机会吗？不进行企业体制的改革，而以为价格“一放就灵”，过早地把价格放开了，其结果究竟是会抓住国际经济形势所提供的良好机会呢，还是会错过这样的机会？

至此，已对战后日本价格改革给我们的启示作了较清楚的说明。概括起来，可以把这些启示归纳为以下三点：

第一，价格改革从其性质上说，就是把官方定价制度改为市场定价制度，也就是改变定价的机制。对于每一个发展商品经济的国家来说，不建立单一的市场定价制度，资源的配置就会被扭曲，经济的发展就会受到阻碍。因此，在中国，价格改革势在必行。但从战后日本经济恢复的历史可以看出，价格改革要取得成效，必须先对企业制度进行改造，即必须先进行企业制度的改革，然后才有条件放开价格。企业的经济效益高低以及企业对市场变化的适应能力，是价格改革的成败关键。从这个意义上说，价格的放开不能先于企业改革而只能根据企业改革的进度逐步推进。价格放开不是我国经济改革的突破口，而是企业改革取得成效的产物。

第二，价格改革既然是指官方定价转变为市场定价，那么这一改革除了以企业制度的改革为前提以外，还必须有适当的经济环境。在通货膨胀率较高和货币流通量偏大的环境中，放开价格无异于火上浇油，它只会使经济更加混乱，而不可能使经济转入健康发展的轨道。战后日本价格改革的经验表明，压缩财政支出，增加税收，控制信贷规模，控制货币流通量的增长，对于放开价格有着重要的作用。对于我国当前的经济改革来说，这一经验尤其重要。这是因为。当前我国仍在推行和完善企业的承包经营责任制，财政包干体制也仍在实施，尽管这些都是过渡形式而不是目标模式，但它们毕竟已成为现实。因此，如果不治理通货膨胀，不把增长过快的货币流通量控制在一定的界限之内，那么正在实行的企业承包制和财政包干制都将受到冲击，其结果，一方面会使企业对价格改革的承受能力和财政对价格的承受能力大大削弱，另一方面必将推迟由这些过渡形式向目标模式的转变。

第三，在关系到我国经济改革全局的企业体制改革中，核心问题是使政府与企业分开，明确财产关系，使企业成为自主经营、自负盈亏的商品生产者。战后日本在放开价格之前所进行的企业改组和重建工作，很重要的一点就是使企业与政府分开，即“企业是企业，政府是政府”，哪怕是大企业，也是如此。这样，企业就既受到利益的约束，又受到预算的约束，企业就能够自己来承担投资风险和经营风险。当然，日本的经济是私有制经济，中国的企业改革是在公有制基础上进行的，改革后的企业仍然是公有制企业或以公有经济为主的企业，这是中国和日本的企业性质的实质区别，但就企业财产关系必须明确和企业与政府必须分开这两点而论，中国与日本的企业应当是一样的。从战后日本价格改革的经验来看，要使企业能够在价格放开以后的市场竞争环境中充分发挥作用，就必须把企业财产关系的明确和行政管理权与所有权的分开、政府与企业的分开作为企业体制改革的核心问题来对待。

当前，摆在中国经济学界面前的一项迫切任务，就是探讨如何在社会主义公有制条件下明确企业的财产关系，使公有制的企业成为自主经营、自负盈亏的利益主体，而不再是行政机构的附属物。这样才能使价格放开达到预期目标。①

第三节　企业改革与宏观经济调节的关系

经济学界现在全都认识到有必要在我国建立有效的宏观经济调节体系。如果缺乏有效的宏观经济调节体系，经济的持续、稳定、协调发展是很难实现的。但怎样才能建立这样一种体系呢？在讨论中，有人援引西方发达资本主义国家宏观经济调节的事实，认为如果按照这些办法去做，中国的经济稳定和经济增长就可以实现。这种论点虽说不是毫无道理，但应当承认，假定中国企业体制不经过认真的改革，那么即使搬用西方宏观经济调节的措施，也注定没有成效。为此，我们将在本节对这一问题进行分析。

一、宏观经济调节的基本方式

在西方发达资本主义国家，宏观经济调节的基本问题是要使投资与储蓄相等，也就是使社会总需求等于社会总供给。如果社会总需求

---

① 参看下一章。

大于社会总供给，就出现物价上升，通货膨胀；如果社会总需求小于社会总供给，需求不足，就会出现经济停滞和失业。由于社会总供给是长期性的问题，不是短期内能够改变的，因此，当经济中出了供求不平衡问题时，国家主要是调节社会总需求，具体地说：

如果社会总需求大于社会总供给，政府采取紧缩的政策。它包括：（1）增税；（2）政府缩小开支；（3）提高银行利率；（4）中央银行提高存款准备金率，等等。紧缩政策是用来对付通货膨胀和社会总需求过大的。

如果社会总需求小于社会总供给，政府则要采取扩张（或刺激）的政策。它包括：（1）减税；（2）政府增加支出；（3）降低银行利率；（4）中央银行降低存款准备金率；等等。扩张政策是用来对付经济停滞、失业和社会总需求不足的。

根据社会总需求大小而决定采取紧缩或扩张政策时，应当注意这样几个问题：

首先，无论实施哪项政策，都有其不足之处，也就是会有副作用。因此，在实行某种政策的同时，还必须有其他政策的配合（或制约）。

其次，各种政策所起作用的时间是不同的。有的很快起作用，有的很慢起作用，所以要考虑到政策作用的时差问题。

最后，各种政策发挥作用的猛烈程度不同。有的很猛烈（如中央银行提高存款准备金率、政府紧缩开支等），有的较为缓和（如减税，提高银行利率等），因此需要政府搭配使用各项调节措施。

在宏观经济调节中，应当特别注意财政政策与金融政策的“松紧搭配”。如果财政政策是松的，金融政策就不妨紧一些，反之亦然。一般情况下，“双紧”或“双松”只有在紧急情况下才被使用。所谓“双紧”，就是指财政与金融同时紧缩，这会使企业的活力受到极大的限制；如果“双松”，又会使通货膨胀加剧而一时难以控制，造成国民经济很大的震动。因此在通常情况下，不宜采取“双紧”，而应当“松紧搭配”。比如说，在“松紧搭配”中，如果金融政策是紧的，即采取高利率、紧缩信贷规模的政策，那么财政政策则是松的，即实行减税、扩大政府开支。或者，如果财政政策是紧的，即实行增税、缩小政府开支，那么金融政策就是松的，即采取低利率、扩大信贷规模的政策。

由于经济学不是简单地考察数量关系的科学，经济学研究的对象脱离不了“社会的人”，而每个人都要考虑自身的利益，所以在宏观经济调节中，不仅要考虑经济本身的承受能力，还必须考虑社会的承受力。实行任何一种经济政策、任何一项改革措施，都要考虑它所引起的震荡和社会的承受程度。由于国民经济是不断变化的，国家不必时时刻刻进行松紧搭配的宏观经济调节，从而提出了宏观经济调节的“临界点”。如失业率达到百分之几，社会就承受不了，国家就干预；而在百分之几以下，国家就不去管它；通货膨胀率达到多少，政府就要进行干预，而在多少以下，政府可以不管。这些都是宏观经济调节的“临界点”，也就是社会承受力的限度。“临界点”是根据国情决定的，没有统一的标准。比如，有的西方经济学家认为，美国的失业率在4%以下，社会不会出乱子，因为美国人民已经习惯了。但这种情况不适用于北欧。在瑞典，失业率如果超过了1.5%，工会就要出来反对。各国对通货膨胀的承受力也是这样：有的国家的承受力大一些，有的国家的承受力小一些。同时，各种“临界点”也是可变的。当人们第一次看到失业率（或通货膨胀率）为4%时，可能要闹一阵子，过一段时间就习惯了。“临界点”并没有一个固定模式可供遵循。它基本上取决于决策者对情况的判断，并以民意测验作参考。

另外，在西方，经济学家很重视“政治周期”的研究。所谓政治周期是指两次大选之间的时间间隔。现在的西方经济受大选的影响很大。执政党要争取选民，保持自己的地位，而在野党则不断地攻击执政党，这样，对执政党来说，宏观调节的重点是转移的。一般情况下，在大选前，要把宏观调节的重点放在解决失业问题（降低失业率）上；上台后，则采取抑制通货膨胀的办法来弥补由于大选前的扩张政策而造成的财政亏空。这就是西方国家的政府宏观经济调节重点的转移。

二、宏观经济调节手段发挥作用的条件

西方宏观经济调节以需求调节为着眼点，一般运用“松紧搭配”政策，同时考虑“社会可接受程度”和“政治周期”等因素。这里撇开“政治周期”不谈（因为这与西方国家的资本主义政治制度联系在一起），也暂不讨论社会承受力问题（因为各国国情不同），单就调节手段本身而言，那么，这些调节手段在何种程度上适用于我国呢？假定我国在当前情况下也采取类似的宏观经济调节手段，能否取得效果呢？这些问题值得探讨。

不可忽视的是，中国和西方发达资本主义国家的微观经济基础有很大差别。西方经济是私有制经济，西方的企业是自主经营、自负盈亏的。宏观经济调节措施实行之后，企业就会有反应。企业会根据自己的利益，调整经济行为，适应客观经济形势的变化。但在现阶段的中国，由于企业尚未通过改革而成为自主经营、自负盈亏的商品生产者，因此企业没有适应客观经济形势变化而调整经济行为的条件。

比如说，西方国家在运用金融政策时，主要是运用利率政策。任何一个投资者，在投资前都要考虑利润率与利息率的差别。假定利润率较高而利息率较低，人们就愿意投资；如果两者差别很小，投资者无利可图，这就会限制人们投资的积极性。在西方，投资有较大的利息弹性，消费缺少利息弹性。所谓投资有利息弹性，是指利率的变动能使投资随之变动。所谓消费缺少利息弹性，实际上是指储蓄缺少利息弹性，因为消费与储蓄是紧密相联的，人们的收入不是用于消费就是用于储蓄。在西方，储蓄的目的主要是为了个人养老、家庭生活保障和子女受教育的费用等。这些储蓄存款一般不受利息率变动的影响。中国当前的情况则是，投资缺少利息弹性，消费和储蓄有较大利息弹性。中国的企业除了缺少利益约束机制以外，还普遍感到资金不足。对于我国的企业来说，只要能贷到款，就可以买进原材料、买进设备和技术，就可以获利，企业一般不在乎利息率的微调。单靠利率的调

整不能起到控制投资的作用。另一方面，由于商品供应不足，不少人储币待购，暂时延缓消费。因此，利息率的变动对于储户比较敏感。在居民收入为一定的情况下，储户必然视利息率的高低而在消费、储蓄存款和手持现金三者之间进行选择，从而使储蓄有较大的利息弹性。储蓄利率提高，便可以多吸收居民的手持现金，限制消费的增长；如果储蓄利率偏低，则导致人们手头多保持现金或多消费，把钱花出去。

因此，在我国，控制投资的主要办法并不在于控制利率的高低，而首先在于进行企业改革，使企业自主经营和自负盈亏，让企业形成自我约束机制；同时，要控制投资，则需要进行信贷数量的分配。银行要控制信贷，限制那些产品质次价高的企业的发展；政府要根据实际情况，确定一个合理的信贷资金增长率，使其与整个经济发展相适应。此外，货币供应量的变动是整个国民经济活动的综合反映，它与国民经济的增长保持一定的比例。西方有些经济学家认为，只要控制货币发行，经济就可以稳住。中国的情况不同，采取这种简单的规则是不行的。在中国的企业尚未摆脱其作为行政机构附属物的地位，以及专业银行尚未成为自主经营、自负盈亏的金融机构之时，即使政府想用控制货币发行的方式来稳定经济，也难以实现。

以上是就金融调节而言，下面再分析财政调节。西方国家实施财政调节的一个重要依据是投资乘数的作用。所谓“投资乘数”就是指一笔财政支出后，会在经济中起连锁反应。实现“以收入增加收入”或“以投资带动投资”。所以在经济萧条时，设法扩大政府开支，刺激经济的发展，使更多的人就业，也就是使“投资乘数”起作用；反之，如果要紧缩经济，则压缩各项支出，使投资下降，使收入减少，这也是“投资乘数”作用的结果。但这些做法在目前情况下，对我国也难以适用。首先，对经济的扩张不适用。这是因为，增加财政支出之后，要使“投资乘数”起作用，必须具备下列前提：（1）要有闲置的生产资料（原料、设备、燃料等）；（2）要有闲置的劳动力（包括熟练人才、管理、技术人才）；（3）要有适宜的基础设施。或者，（4）要有足够的外汇。第四个条件指开放条件下的情况而言。前三个条件是封闭条件下应当具有的。第四个条件可以代替前三个条件，因为有了足够的外汇，即使前三个条件在国内不具备，也可以到国外去购买物资、招聘人才。

在我国，财政调节之所以不可能像西方那样起作用，主要有以下原因：第一，在我国，投资主要不是由企业自身决定的。企业投资的变动主要不是受利润因素的调节。其次，投资往往不能有乘数式的连锁反应，原材料不足、动力不足、熟练人才不足、基础设施不足等等限制了投资乘数的作用。而且，我国的外汇储备也不是充足的。即使政府大量投资，有时反会由于投资周期长，生产能力形成缓慢，效益差，从而造成损失。

另一方面，我国财政紧缩政策的效应也不同于西方国家。西方政府紧缩开支后，工厂倒闭和工人失业的后果，是由企业和工人自身负担的。我国则不同，国家实行财政紧缩政策后，企业停产，基建下马，国家还要承担企业因此遭受的损失，而工人的生活仍由国家负担。并且，一个企业停产，又会影响其他企业，这些企业都是国家的，最后的损失还是要国家负担。因此，在我国的企业体制进行实质性的改革以前，即使财政紧缩有连锁反应，但这种紧缩财政支出的效应不一定符合政府的意图。

下面，再谈谈国家用以稳定经济的工资与物价管理政策。在西方，除了在必要时采取冻结工资和物价政策以外，一般是采用税收方式对工资进行调节，以便通过对工资的调节来控制物价上涨率。在企业的自我约束和政府的税收调节之下，工资、奖金的增长可以建立在劳动生产率增长的基础上。然而在我国，这一点是难以做到的，原因在于我国的企业仍未摆脱行政附属物地位，企业不自负盈亏，缺乏有效的内在的利益约束机制。我国企业之间工资、奖金相互攀比之所以制止不住，原因正在于此。

以上谈到了宏观经济调节措施发生作用的条件。这些论述清楚地说明，在微观经济基础尚未得到认真的改造的前提下，也就是在企业尚未成为独立商品生产者的条件下，宏观经济调节措施是收不到预定效果的。要在我国建立真正有效的宏观经济调节体系，不首先在企业改革方面有重大的进展，难以取得成功。

第三章　从企业承包制向股份制的转变

第一节　企业承包制的过渡性质

一、企业改革的基本任务

上一章说明了我国经济体制改革的关键何在。我们相信，读者在阅读了上一章之后，对以下这一系列问题自然会有明确的答案。

为什么投资需求过大和消费需求过大不容易被遏制住？为什么社会总需求经常会超过社会总供给？通货膨胀与现行企业体制的弊病之间存在什么样的关系？

为什么在企业缺乏自我利益约束的条件下不能全面放开价格？为什么在这种条件下全面放开价格只会引起物价的轮番上涨、企业经济效益的进一步下降、财政赤字的不断增大？

为什么战后初期日本实行价格改革，取消物价管制，放开价格是有成效的，而这种做法对中国并不适用？

为什么诸如金融调节、财政调节之类的曾被西方国家的实践证明有一定效果的宏观经济调节措施，用于中国却起不到相似的作用？在缺乏自主经营、自负盈亏的企业作为微观经济基础的前提下，宏观经济调节能够导致经济的稳定吗？

以上这些问题清楚地告诉我们：企业改革是经济改革的主线，而企业改革的基本任务并不是对传统企业体制修修补补，而是把政企不分的公有制企业改为自主经营、自负盈亏的公有制企业。建立这样的公有制企业，是中国经济走向繁荣的必由之路。

要知道，国营企业之所以普遍缺乏活力，除了因市场不完善和价格扭曲等等外部原因以外，基本原因在于国营企业尚未成为真正的利益、责任、权利的主体，企业的生产经营的优劣与自身利益的多少没有明确的联系，企业既不承担生产经营和投资风险，又缺少自我发展和自我约束的机制。而这些又同企业财产关系的非规范性直接有关。如果不明确产权，国营企业的行政隶属关系和财产所有关系不分，那么企业本身没有财产责任，兼任管理者和所有者的国家仍然要为企业承担无限的责任。“国家为企业承担无限责任”与“国营企业财产实际上无人负责”是并存的，这就必然造成企业的低效率，造成企业对国家的依赖和国家对生产经营的僵硬的控制。正如前面已经指出的，价格改革之所以难以取得成效，投资膨胀之所以难以遏制，消费基金增长过猛的现象之所以经常出现，由此可以得到解释。因此，进行企业改革，正是为了明确企业财产关系，确定企业投资各方对企业财产的所有权，保障公有经济的投资者的合法权益，实现利益均沾、风险共担，并在这一基础上实现政企的真正分开，使企业的法人地位确立下来，使公有企业成为有活力的企业。

二、承包制只是传统企业体制的一种改良

近年来，企业承包制已被推广，大多数国营企业已经开始实行第二轮承包。在目前股份制仍处于试点阶段，有关股份公司的立法和股票交易的立法尚未出台的情况下，作为一种过渡性的措施，承包制具有一定的可行性。与实行承包制以前相比，在承包制之下，企业自主权有一定程度的扩大，经济效益也有所提高。此外，在承包经营过程中，也可以涌现一批有作为的企业管理者。但必须指出，承包制存在着一系列根本性的缺陷，这些缺陷表明承包制不可能成为现有国营大中型企业的目标模式。

承包制的第一个缺陷是：在承包制下，易于产生企业行为的短期

化。企业的承包者不可能有较长期的安排，不可能着手进行重大项目的建设，甚至企业有可能拼设备，吃老本，在承包期内尽量利用现有设备。企业缺乏长期打算和单纯拼设备，必然给以后的企业生产带来后遗症。

承包制的第二个缺陷是：承包者同广大职工之间在收入分配上存在着矛盾。这主要是广大职工对承包者收入过多以及实际上“负盈不负亏”的情况产生不满所造成的。广大职工认为，企业赚钱的结果，使承包者收入增加很多，而这与承包者付出的劳动不一定对称，也与承包者在企业经营不善时对企业亏损所负的损失不一定对称。因此职工不服气，他们的不满情绪往往以消极怠工的形式反映出来。某些承包企业之所以经济效益不高，与此有一定的关系。

承包制的第三个缺陷是承包制之下生产要素在社会范围内的流动和优化组合受到限制。要知道，现有的生产要素组合方式与组合比例是历史上逐步形成的，这种组合不是优化组合。然而，实行承包制之后，社会范围内的生产要素流动和优化组合是困难的。企业的承包者会说：“这些设备归我承包了，这些厂房归我承包了。”因此，很难冲破承包制的格局，做到生产要素跨企业、跨行业、跨地区的重新组合，而只要实现不了这种重新组合，资源利用效率低的状况就难以改变。

承包制的第四个缺陷，也就是承包制最大的缺陷，在于政企依旧没有分开，在于企业的自主经营权仍然不落实。承包制之下，谁是发包方？不仍然是政府部门吗？承包之后，企业的人事权和最终决策权不仍然属于政府机构吗？所以说，承包制只是传统企业体制的一种改良，承包制不可能超出传统经济体制的框架。

以上四种缺陷中，第三和第四个缺陷是很难克服的，因为它们是承包制固有的缺陷。至于第一和第二个缺陷，则可以通过一些措施来减轻。通常所说的“完善承包制”，只是指如何采取措施来减轻第一和第二个缺陷而言。

在这里，很有必要对“一般行业以承包制为最佳形式”的论点进行剖析。持有这种论点的人认为承包制已经给一般企业带来了真正的活力，难道事实果真如此吗？并不是这样。当然，把承包制实行后的今天与承包前相比，情况是不同的，那时的企业是毫无活力可言，承包后，企业活力是增加了。但对现在的企业活力状况应当作什么样的估计呢？可以把现在的企业的活力称作“半活力”，即距离真正的活力还有相当大的差距，而与完全缺少活力时相比则又有了一定的活力。“半活力”不等于企业具有自我约束的机制。社会总需求过大，包括投资规模过大和消费基金增长过快，从企业的角度来看，与企业的“半活力”的存在有直接的关系。我们经常听到这样一种议论，说现在许多企业是“负盈不负亏”。这意味着，企业经营好坏同企业自身的利益之间的关系是：企业盈了，企业得到好处，如果企业亏了，那么企业并不承担责任，亏损依然由政府所负担。这就是“半活力”的一种表现。企业负盈不负亏，表明企业只有投资的积极性而不承担投资的风险；企业负盈不负亏，表现企业关心企业内部职工利益的最大化而不关心消费增长快于劳动生产率增长所造成的不利后果。因此在分析企业活力时，务必把企业的真正活力同企业的“半活力”区分开来，把企业在具有真正活力条件下的自我约束机制的形成同企业具有“半活力”条件下只负盈、不负亏的情况区分开。只有作了这种区分，才能懂得这样一个道理：为了使社会总需求与社会总供给相适应，必须进一步推进企业体制改革，而不应以承包制为满足。必须让那些至今尚未自主经营和自负盈亏的、缺少活力或只有“半活力”的企业真正成为有充分活力的独立商品生产者，使它们能够自我约束，靠经济效益立足。只有这样，来自企业的过旺的投资需求和工资、奖金的攀比行为才会受到企业自身利益的制约而趋于收缩或被制止；只有这样，为促进供求平衡所必须的有效供给的增加也才有所保证。

假定不是这样，而是以为承包以后企业有了真正活力，那么，在企业仍然受发包方（行政主管部门）限制的状况下，政府如果决定要收回企业的权力，企业又有什么办法可以使“半活力”继续存在呢？

企业不又回到过去那种没有活力的状态了吗？企业生产和经营的积极性的消失，产品和劳务的供给的下降，通货膨胀从公开性的转变为隐蔽性的（即名义上的价格不变，但商品奇缺，有价无货，黑市盛行，经济增长率下降），不都会重演吗？承包制作为传统企业体制的一种改良，是有可能面临这种结局的。

对企业活力问题的上述分析，清楚地告诉我们：企业活力是经济繁荣的基础，经济的活力归根到底来自企业活力。而企业的活力来自政企分开，来自企业自主经营、自负盈亏。我们不应当满足承包以后企业有了一点活力（“半活力”），我们所担心的始终是承包后企业活力的不足，是企业缺少真正的活力。针对当前我国的经济状况而言，必须明确这样一点：绝不是承包制已把企业体制改革推到了尽头，而是企业体制改革刚刚迈出最初的步伐，并且还是在传统经济体制框架内挪动了脚步。

要知道，通常见于报刊的“向企业放权”的提法是不正确的。问题就出在“放”字上面。正确的提法应当是“还权给企业”。“放权”与“还权”的区别反映了两种经济体制、两种经济运行机制的区别。

“放权”是在传统经济体制的框架内来考虑企业与政府之间的关系的。承包制至多只能说是“放了一点权”，或者说，“给了企业一点甜头”，企业作为行政主管部门附属物的地位并没有发生实质性的变化，政府依旧把企业看成是自己的下属单位。承包以后，“放”一些生产经营自主权给企业，只不过意味着在传统经济体制的框架内，政府与企业之间的关系比过去有所松动而已。企业不可能由于政府“放一点权”而获得真正的活力。何况，权是政府“放”给企业的，系铃解铃是同一人，政府今天可以“放一点权”给企业，明天也可以把“放”出去的那一点权收回来。在传统经济体制之下，这是完全可以理解的。

“还权”所着重的是企业的独立商品生产者地位。既然企业是独立商品生产者，那么生产经营权天生是属于商品生产者的，“权”本来就属于企业，只是过去做得不正确，取消了企业的这种生产经营权，把

“权”转到了政府手中。现在所要着手进行的进一步企业改革，用意就在于把企业应当具有的自主经营权归还给作为独立商品生产者的企业。

由企业承包制向股份制转变，正是为了实现企业改革的这一基本任务。

第二节　国营企业在公有制基础上实现股份制的途径

一、公有制的界定

本节所要讨论的是一般行业的社会主义国营大中型企业的股份制改革的途径，不包括国营小企业和国民经济命脉部门的国营大中型企业在内。国营小企业可以采取租赁制，或者可以有偿转让给集体企业、职工或其他个人。国民经济命脉部门的国营大中型企业现阶段可以继续维持国有国营的体制或实行承包制。

本节所要讨论的是社会主义国营企业在公有制基础上（包括在“以公有制为主”的基础上）实现股份制的途径。这里所说的公有制包含如下的含义：第一，国家所有制；第二，国家所有制与集体所有制二者并存；第三，集体所有制。也就是说，通过股份制改革，社会主义国营企业将在国家所有制，或国家所有制与集体所有制二者并存，或集体所有制的基础上成为股份企业。相应地，本节所讨论的“以公有制为主”，也就是指以这三种所有制的构成为主。

本节在讨论社会主义国营企业转为股份企业时，是把资产存量与资产增量区分开来加以论述的。从资产存量的角度来看，只要不把国营企业的资产存量有偿转让给社会上的个人投资者，那么无论是采取资产评估后的折股方式（即折成国家股），还是采取有偿转让给其他国营企业或集体企业的方式，资产存量依然是公有制的。于是国营企业的股份制就可以在公有制基础上实现。从资产增量的角度来看，只要资产增量并非来自社会上的个人投资者，那么无论资产增量来自国家投资机构或其他国营企业还是来自集体企业，资产增量也是公有制的。通过股份制改革以后成立的股份企业的总资产，无非是资产存量和资产增量两部分的总和，既然资产存量和资产增量都是公有制的，这样的股份企业无疑是公有制的。

假定资产存量有一定的比例有偿转让给社会上的某些个人投资者，或者，资产增量中有一定的比例来自社会上的某些个人投资者，或者这两种情况兼而有之，那么要判明这样的股份企业的所有制性质，就应当依据资产存量与资产增量加总以后的总资产中究竟有多大的比例是公有的，多大的比例是个人所有的。假定总资产中的较多的比例不是个人所有的，即总资产中的较多的比例仍然公有（社会上个人投资者所有所占的比例较少），那么可以认为这样的股份企业是公有制为主的企业。

在作了上述说明之后，我们将依次讨论以下六个由社会主义国营企业转为股份企业的途径。这六个途径是：

1. 资产增量为零，资产存量全部折成国家股的股份企业；或者，有资产增量，但资产增量和资产存量一起都折成国家股的股份企业；

2. 资产存量和资产增量由国家股和其他公有性质的股份组成的股份企业；

3. 资产存量和资产增量由国家股以外的公有性质的股份组成的股份企业；

4. 资产存量全部折成国家股，资产增量是由国家股以外的公有性质的股份组成的股份企业；

5. 资产存量全部折成国家股，资产增量由个人股组成，但资产增量小于资产存量的股份企业；

6. 资产存量中有一部分有偿转让给个人，资产增量中也有一部分有偿转让给个人，但个人股在总资产中所占的比例仍然小于公有股所占比例的股份企业。

这六个途径中，通过第一个途径而成立的股份企业是国家股份企业；通过第二、第三、第四个途径而成立的股份企业是公有股份企业；通过第五、第六个途径而成立的股份企业是以公有制为主的股份企业。

二、国营企业在公有制基础上实现股份制的六个途径

（一）第一个途径：国家股份企业的成立

假定有A、B、C、D四家国营企业，由于产品结构和产业结构调整的需要，这四家国营企业要合并为一家企业，或者，它们要建立一个资产一体化的、紧密型的企业集团，① 于是就可以通过下列步骤实现股份制改革：

1. 先确定每一家国营企业的投资主体，也就是先确定产权的归属；

2. 对每一家国营企业的资产进行评估；

3. 各国营企业在资产评估的基础上，实行折股（折成国家股）；

4. 各个投资主体按投资在总资产（股份总额）中的比例大小组成董事会。

这样，一个完全由国家股组成的股份企业或股份集团公司就产生了。这就是资产增量为零，资产存量全部折成国家股的股份企业。假定在企业合并或企业组建为企业集团的过程中准备扩大生产规模，增加资金投入（即资产增量为正值），那么只要限定资产增量的投资主体是国家的投资机构（包括中央和省市的国家投资机构），同样可以使这样的股份企业在资金投入增加后保持国家股份企业的性质。

应当指出，即使100％的国家股，也比现在的国营企业体制好。有人说100％的国家股，换汤不换药，不是跟现在一样吗？实际是不一样的，哪怕是100％的国家股，只要是股份企业，与过去的体制相比，至少有四个区别：（1）政企分开；（2）国家从负无限责任变成负

① 关于企业集团，请看本书第五章。

有限责任；（3）有利于企业的自我成长，企业有自己的积累，政府不能干预企业的内部事务，只能通过国家股董事和外部环境来影响企业活动；（4）有利于横向经济联合。

以上是就企业合并或企业组成企业集团的情况而言的。除此以外，还可能出现如下情况，即某一家国营企业的投资主体不是一个，而是两个或两个以上。比如说，该国营企业是由中央投资与某省（市）投资的。那么，这也可以在确定产权归属和对资产进行评估的基础上，通过折股成立国家股份企业。

我们在这里不去评论完全由国家股（包括资产存量和资产增量所折成的国家股）组成的国家股份企业与其他形式的公有制股份企业相比，有什么样的优越性或有什么样的缺陷，我们只是想说明：如果要建立国家为唯一所有者的国家股份企业，那也是可操作的。当然，这里的一个重要问题是必须确定投资主体。国家是唯一所有者，但投资主体则可能是两个或两个以上（中央和各省市的国家投资机构就是各个投资主体）。在这种场合，如果不明确投资主体，国家股份企业将难以建立。

（二）第二个途径：资产存量和资产增量是由国家股和其他公有性质的股份组成的股份企业

这里首先要明确“其他公有性质的股份”的含义。本节一开始就提到，可以把公有制分为三类：国家所有制、国家所有制和集体所有制二者并存、集体所有制。但这是就所有制性质而论的。在分析股份制时，仅有这样的分类似乎还不够。我们有必要从投资的角度进行考察，要按投资主体的性质来确定股份的性质。这样，问题要比单纯按所有制划分复杂些。

为此，我们把国家股定义为国家投资机构（国家作为投资主体）所持有的股份。其他公有性质的股份则定义为国家投资机构以外的其他公有性质的投资主体所持有的股份，包括集体所有制的投资机构持有的股份、国营企业持有的股份、集体企业持有的股份、国营与集体混合企业持有的股份、各种具有法人地位的基金组织持有的股份、各种社会团体持有的股份等。在这里，国家股具有特定的含义，它专指国家投资机构作为投资主体持有的股份；而某个社会团体所持有的股份或某个国营企业对另一个国营企业持有的股份，则与此不同，它们实际上是一种法人股，而不是国家股，因此，本节把它们列入国家股以外的其他公有性质的股份一类。

通过第二个途径而建立国家股和其他公有性质的股份组成的股份企业，需要一个前提，这就是：某个国营企业在确定投资主体和进行资产评估以后，有偿转让一部分资产存量给其他公有性质的投资主体，资产增量中也有一部分来自其他公有性质的投资主体的投资，国家投资机构作为投资主体，保留一部分由资产存量和资产增量所组成的国家股。于是，国家投资机构和其他公有性质的投资主体将按各自持有股份额的多少而组成董事会。

需要注意的是，国营企业资产存量的一部分有偿转让给其他公有性质的投资主体后，这笔有偿转让的收入应当归于作为该国营企业的投资主体的国家投资机构所拥有。国家投资机构应当把它们列入建设基金，作为国家投资的资金来源，而不应挪作他用，更不应该被其他单位占有。

（三）第三个途径：资产存量和资产增量由国家股以外的公有性质的股份组成的股份企业

这一途径与上述第二个途径的区别在于：在这种场合，某个国营企业在确定投资主体和进行资产评估之后，资产存量全部转让给其他公有性质的投资主体，资产增量也全部来自其他公有性质的投资主体的投资，国家投资机构在有偿转让出该企业的全部资产存量而又不参与该企业的追加投资（即它与该企业的资产增量无关）之后，就不再作为该企业的投资主体了，该企业也就不再存在国家股了。这样，该企业将由各个公有性质的投资主体按各自持有股份额的多少组成董事会。但这个企业依然是公有制的股份企业。

关于这一建成公有制股份企业的途径，还可以有另外两种实现方式。这就是资产存量债权化的实现方式和资产存量租赁制的实现方式。

1. 资产存量债权化

通过资产存量债权化建立公有制股份企业的方式是指：某国营企业在确定投资主体和进行资产评估的基础上，国家投资机构保留对该企业的资产存量的债权，并按照债权多少每年收取一定的利息（或称国家债权收入），并将该企业的资产存量折成一定数额的股份，由国家投资机构以外的公有性质的投资主体来认购，并由此组成董事会。这样，也就建立了公有制的股份企业。可以举一个例子。比如说，国营企业 A 原是国家投资建设的。资产评估后，资产存量为 1,200 万元，现在，国家投资机构取得对 A 企业的 1,200 万元债权，每年按 8%的利息取得收入 96 万元。A 企业的资产存量折成 12,000 股，每股 1,000 元，现有 B（某国营企业）、C（另一国营企业）、D（某集体企业）、E（另一集体企业）四家联合出资 1,200 万元买下这 12,000 股。B、C、D、E 各出资 300 万元，各持有 3,000 股。于是，B、C、D、E 将派出各自的董事，组成董事会，管理企业 A。A 将是一个定期向国家投资机构缴纳利息，而又持有 1,200 万元资金在手头可以运用的公有制股份企业，但这时该企业中没有国家股。

2. 资产存量租赁制

通过资产存量租赁制建立公有制股份企业的方式是：某国营企业在确定投资主体和进行资产评估的基础上，国家投资机构把该企业租赁给另一个企业，并从承租者那里按期取得租金。承租者在租赁到该企业之后，将其资产存量折成股份，自己保持一定的比例，并把其余的股份有偿转让给其他公有性质的投资主体。这样，同样可以按持有股份额多少组成董事会。也可以举一个例子。比如说，国营企业 A 原是国家投资建设的。资产评估后的资产存量为 500 万元。现在，国家投资机构把 A 企业租赁给 B 企业，每年按 8%的租金率取得收入 40 万元。租赁期为 30 年。B 企业在租赁到 A 企业后，把 A 企业的资产存量500万元折成5,000股，每股1,000元。B企业自己保留1/5股份，其余4/5股份由C（某国营企业）、D（另一国营企业）、E（某集体企业）、F（另一集体企业）四家认购。于是，这五家企业各自派出董事，组成董事会，管理这家企业。它将是一个定期向国家投资机构缴纳租金，而又持有500万元资金在手头可以运用的公有制股份企业，这时，该企业中也没有国家股。假定租赁期为30年，期满后，国家投资机构可以同B企业（承租者）续订租约，也可以另行商议其他办法（如把租赁关系改为债权债务关系等）。

（四）第四个途径：资产存量全部折成国家股，资产增量由国家股以外的公有性质的股份组成的股份企业

假定某国营企业是由国家投资建设的。在确定投资主体和进行资产评估之后，国家投资机构作为投资主体决定保留全部资产存量，并把它们折成国家股。但与此同时，为了扩大生产规模和实行技术更新，企业需要有追加的资金投入。于是，该企业便发行股票，限定由其他公有性质的投资主体购买。这样，该企业便成为由国家股构成资产存量，由其他公有性质的投资主体所持有的股份构成资产增量的股份企业。这个股份企业的董事会将由国家投资机构和其他公有性质的投资主体派出的董事，按各自持有的股份的多少而组成。

（五）第五个途径：资产存量折成国家股，资产增量由个人股组成，但资产增量小于资产存量的股份企业

这是一种由国家股和个人股共同组成，但以国家股为主的股份企业，从而是以公有制为主的股份企业。

可能出现的有以下两种不同的情况：

第一种情况——国营企业和私营企业合并而建立的股份企业。假定出于某种考虑，国营企业需要同一个或一个以上的私营企业合并，那么这时应当采取如下步骤：

1. 该国营企业确定投资主体，进行资产评估；

2. 该国营企业的资产存量折成国家股；

3. 所合并的私营企业在资产评估的基础上，把资产作为增量加入该国营企业，折成个人股，但资产增量小于资产存量。

根据这些情况，个人股的持有可能使某些个人成为董事，但由于该股份企业的总资产中以国家股为主，所以董事会中的个人股代表只是少数。

第二种情况——在企业确定投资主体和进行资产评估之后，企业资产存量折成国家股。但企业为了扩大生产规模和实行技术更新，需要追加资金投入，于是企业向社会公开招股。任何个人都可以购买企业发行的股票，社会公开招股所得到的收入便是企业的资产增量。这时，可以作出如下的规定，即任何个人所购买的股票，其数额不得超过某个界限（比如说，以企业资产总额的1%为限）。在这种情况下，尽管企业增量由个人股构成，但由于个人股是分散的，而且任何个人所持有的股份数量都低于企业资产总额的1%的界限，从而也就不会改变该企业的公有制为主的性质。当然，这里并不排除下述可能性，即若干个持有个人股的人会联合起来，他们持有的股份总额可能占到企业资产总额的一定比例。但在循这个途径建立股份企业时，只要规定“资产增量小于资产存量”，那么企业的“公有制为主”的性质仍然不会改变。

（六）第六个途径：资产存量和资产增量中都有一部分转为个人股，但个人股在资产总额中的比例低于公有股的股份企业

这也是一种以公有制为主的股份企业。它与上述第五个途径的区别在于：不仅企业资产增量中有个人股份的部分，而且企业资产存量中也有一部分有偿转让为个人所有。重要之点是，尽管个人已在企业资产存量和资产增量中持有股份，但如果规定任何个人持有股份不得超过企业资产总额的某个比例（例如以企业资产总额的1%为限），并且规定个人股的总和在企业资产总额中的比例应低于公有股（包括国家股和其他公有性质的投资主体所持有的股份）所占的比例，那么该企业依然是一个以公有制为主的股份企业。

三、多种类型的股票交易和股票市场

在国营企业转变为以公有制为基础或以公有制为主的股份企业时，如果循着上述第一个途径进行，不同的国家投资机构（中央与各省市的国家投资机构）作为投资主体，相互间可能发生资产的转让。如果循着上述第二、三、四个途径进行，将有一部分（甚至全部）企业资产存量有偿转让给国家投资机构以外的其他公有性质的投资主体，企业资产增量中，也将有一部分（甚至全部）来自国家投资机构以外的其他公有性质的投资主体的投资。如果循着上述第五个途径进行，企业资产增量将全部由个人投资所构成。如果循着上述第六个途径进行，企业资产存量中将有一部分有偿转让给个人，企业资产增量中也将有一部分由个人投资所构成。于是就出现了三类股票交易和三种股票市场的问题。

三类股票交易中的第一类是指不同的国家投资机构之间的股票交易。三类股票交易中的第二类，是指国家投资机构和其他公有性质的投资主体之间的股票交易。这两类股票交易都包括资产存量折股后的有偿转让和作为资产增量的新发行股票的买卖。在第二类股票交易中发生的是下列股票交易行为：国家投资机构与其他公有性质的投资主体之间买卖股票，以及其他公有性质的投资主体相互买卖股票。但不管是第一类还是第二类股票交易，它们都是公有经济单位之间的股票交易。

股票交易的第三类是指：有个人参加的股票交易，包括资产存量折股后向个人的有偿转让和个人对作为资产增量的新发行股票的购买。在这里，可能发生的是下列股票交易行为：公有经济单位与个人之间买卖股票，以及个人相互买卖股票。

三种股票市场是根据本节在讨论中所提到的六个不同途径的含义而区分的。

如果严格地循着上述第一个途径来实现国营企业的股份制，那么就只可能有一种股票市场，在这种股票市场上，只容许不同的国家投资机构作为投资主体在这里买进和卖出股票。

如果严格地循着上述第一、二、三、四个途径来实现国营企业的股份制，那么将会有另一种股票市场，这时，将容许不同的国家投资机构作为投资主体，以及其他公有性质的投资主体在这里买进和卖出股票。但它们之间的区别仍然存在，这就是：在循着上述第一个途径而成立的股份企业的股票交易方面，只容许不同的国家投资机构参加；而在循着上述第二、三、四个途径而成立的股份企业的股票交易方面，不同的国家投资机构和其他公有性质的投资主体都可以参加。

如果把循着上述六个途径成立的股份企业全都包括在内，那么就会有第三种股票市场，不同的国家投资机构、其他公有性质的投资主体、以及社会上的个人都可以参加股票交易，只是他们从事买卖的对象有所区别。国家投资机构可以买入或卖出任何一种股票，只要这些股票上市。其他公有性质的投资主体除了不能参加循着上述第一个途径而成立的国家股份企业的股票交易外，可以参加其他各种股份企业的股票交易。至于社会上的个人，则只限于参加循着上述第五、六个途径而成立的股份企业的股票交易。

可见，第一种股票市场是范围最窄的股票市场；第二种股票市场宽了一些，它把第一种股票市场包含在内了；第三种股票市场的范围更宽一些，它包括了第二种股票市场（其中又包括了第一种股票市场）。在这些股票市场上，对股票交易者的若干资格限制，可以用行政方式加以规定。

第三节　本企业职工入股与股份合作制企业

一、关于本企业职工入股的合作经济性质

有些文章在讨论职工个人持有本企业股票的问题时，是把职工个

人同一般的社会上的个人股同样看待的，即把它们全都看成是非公有经济性质的持股。因此，只要企业资产存量有一部分由本企业职工个人持股。或者，只要企业资产增量中有一部分来源于本企业职工个人投资，那么，这个股份企业就不再被认为是公有制的企业，至多只能被看成是以公有制为主的企业，而且这还要以本企业职工个人持股额在资产总额中的比例小于公有股的比例为前提。按这种方式来对待本企业职工人股，是值得商榷的，因为本企业职工持股虽然仍是个人所有，但不能把它同社会上的个人股同样看待，本企业职工持股不同于社会上分散的个人持股，而是一种有组织的集体性质的持股。这正是我们在讨论公有制基础上建立股份企业时需要认真研究的。

我们知道，合作经济是集体经济的形式之一，合作经济是由个人在自愿互利原则的基础上组织起来的一种经济，它可以有不同的类型，其中有一类合作经济是劳动者实行资金入股，统一经营，共负盈亏和按股分红的。

比如说，某个国营企业已经实行了全员风险抵押承包制。这时，如果要实行股份制的话，可以先对企业的原有资产（企业资产存量）进行核实、评估。对资产的核实、评估不仅可以划清投资者在财产方面的界限，反映资产的实际情况，而且也为进行股份制所需要的折股（即把企业原有的资产折成一定的股份）提供依据。资产的核实、评估的方法较多，如可以按账面价值计算，或按账面价值分期系数调整，或按重置价值计算等。但在我国现阶段为了便于推行股份制，较有效的办法是同行专家评估，即在企业固定资产市场尚未形成的条件下，由同行组成专家评估委员会，进行企业资产的核实、评估。这种方法虽然比较复杂，但评估的结果既可接近企业资产的实际价值，也易于被同行所接受，为将来增发股票提供方便。在该企业确定投资主体和实行资产评估，并把资产存量折成国家股的基础上，职工们普遍缴纳的风险抵押基金的折股就不以分散的个人股的形式作为该企业的资产增量，而以有组织的职工集体持股的形式出现，这时，本企业职工的普遍持股将具有合作经济的性质。

加之，在全员风险抵押承包制向股份制转变的过程中，可以由工会或职工风险抵押基金管理机构出面，一方面把全员风险抵押基金折成职工持有的股份，另一方面，由工会或该基金管理机构派代表参加董事会，代表职工股东的利益，职工们则共负盈亏，按股分红。这样的职工股份企业可以称为股份合作企业。既然该企业的资产增量以本企业职工集体持股的形式出现，那么它就不是“以公有制为主的”，而是一种公有制的股份合作企业。当然职工们究竟是否同意将原来缴纳的风险抵押基金转为股份，要取决于他们自己的愿望，而不要强迫行事。此后，假定国家投资机构决定把一部分国家股普遍地有偿转让给本企业职工，则该企业的股份合作企业性质仍然不变。

二、资产存量债权化或资产存量租赁制与股份合作经济

在以上讨论的基础上，让我们再进而分析上述第三个途径中所提到的资产存量债权化和资产存量租赁制。在那里，我们曾假定由其他公有性质的投资主体作为资产存量的债务人，或作为资产存量的承租者。现在，我们设想一下，能否由本企业职工作为资产存量的债务人或资产存量的承租者。

由于这里所讨论的是国营大中型企业的股份制，因此排除了本企业现有职工中的任何个人有经济力量来充任资产存量债务人或承租者的现实性。但本企业职工作为一个集体却具有这种经济力量，因此，我们要探讨的将是具体的形式和实施的步骤。

1. 资产存量债权化与股份合作经济

先讨论资产存量的债权化与股份合作经济的关系。某国营企业在确定投资主体和进行资产评估后，国家投资机构作为投资主体保留对该企业的资产存量的债权，并同该企业的全体职工的代表签订债权债务的合同，按期收取一定的利息（或称国家债权收入）。这时，该企业的资产存量折成一定数额的股份，由全体职工认购，规定每人认购的

上限和下限（或者按平均数认购），可以采取分期付款的方式来缴纳股金。该企业作为一个股份企业，由职工推举的董事们进行管理。这就是国有资产存量债权化同职工合作经济的一种结合。

2. 资产存量租赁制与股份合作经济

再讨论资产存量的租赁制与股份合作经济的关系。某国营企业在确定投资主体和进行资产评估后，国家投资机构作为投资主体把该企业租赁给该企业的全体职工经营，并从租赁者（全体职工）那里按期取得租金。这时，作为承租者的职工集体将推举出代表，组成董事会，并将企业存量折成一定数额的股份，由全体职工认购，规定每人认购的上限和下限（或按平均数认购）。可以采取分期付款的方式来缴纳股金。租赁期满后，国家投资机构可以同该企业的职工集体（承租者）续订租约，也可以另行商议其他办法（如把租赁关系改为债权债务关系等）。这就是国有资产存量租赁制同职工合作经济的一种结合。

无论是采取资产存量债权化同职工合作经济结合方式而建立的企业，还是采取资产存量租赁制同职工合作经济结合方式而建立的企业，都是以公有制为基础的股份合作企业。同时，这种方式还能使企业手头有一笔资金可以运用（尽管可能采取职工分期付款的办法），便于企业发展生产，技术更新。

第四节　企业基金会与企业基金股

一、企业股——一个有争议的问题

在有关股份制的讨论中，如何界定近年来因企业留利而形成资产有股权，即企业股，争论尚在进行。如果在股份制企业中，取消企业在前几年改革中形成的物质利益，会对企业从承包制向股份制过渡产生不利影响，阻碍股份制的推行。要知道，按国际上组织股份公司的惯例，股份企业不应有企业股。但不承认企业股，企业又没有积极性。怎么办呢？可以对这个问题作进一步研究。

从另一个角度来看，假定一个国营企业的职工风险抵押基金总额只占企业资产总额的百分之几，即使把职工风险抵押基金折股，这对转变为股份制能起多大作用？假定一个国营企业完全是中央政府或某一级地方政府投资建立的，那么它只有唯一的一个投资者。假定它不吸收其他国营企业投资入股，不同其他由国家投股的股份企业等价交换一部分股票，也不向社会招股，那么是不是它就无法转变为股份企业了呢？并非如此。只要该企业历年来利用留成利润作为再投资而形成了一定的资产，这样，就可以把这部分资产折成企业股，于是该企业将成为至少有两种股份（国家股和企业股）构成的股份企业。问题在于企业股的性质。异议来自两方面。一是认为："这样做岂不是化大公为小公？岂不是把国家财产转变为个别企业单位的财产？"二是认为："企业怎么可以内部持股呢？这样做岂不是侵害外部投资者的利益吗？"那么，怎样对待这两种异议呢？我们的看法是：由企业基金会持有企业股，可以排除异议。

二、企业基金会持股的可行性

企业股应当被看成是企业基金股。它由企业基金会持有。企业基金会是独立法人，它对企业的持股（企业基金股）是"外部持股"，这样就不会发生侵占其他投资者的利益的问题。

企业基金股是企业利润留成中用于再投资而形成的资产，所以由它们折成的股份——企业基金股——也依然是国家的资产。它与国家股的区别在于：国家股是国家直接支配和运用的国家资产，企业基金股则是由企业代表国家来支配和运用的国家资产。既然企业基金股依然是国家的资产（国家是企业基金股的所有者），企业只是代表国家来支配和运用它们，所以企业可以有偿地转让它们而不能无偿地把它们转给其他企业，也不能无偿地把它们分给企业职工。这样也就不存在

“化大公为小公”的问题。

企业基金股虽然有时也被简称为企业股，但严格地说，它不能同企业股划上等号。关于这一点，在厉以宁主持的北京大学课题组的《1988～1995年我国经济体制改革纲要》中曾指出：企业股“包括其他企业的参股与本企业所形成的‘企业基金股’”。[①] 这表明，假定甲企业投资于乙企业并持有乙企业的股份，那么这样的股份可称为企业股；假定甲企业用历年利润留成作为再投资而形成股份，这样的股份则称为企业基金股。作了这样的区分，企业基金会持股就有了可行性。

企业基金股的所有权，如上所述，是属于国家的。企业基金股的股息红利收入则由企业基金会掌握和按照下列方式支配：一部分作为发展基金，一部分作为公益金，一部分作为奖金。奖金分配给本企业职工，公益金由企业基金会用作各种公益事业的费用。发展基金以企业基金股增加的形式体现，包括企业基金会用以购买本企业或其他企业的股票，企业基金会增加其他证券投资等。由于企业基金股的所有权是属于国家的，因此，企业基金会利用发展基金而进行的投资和由此形成的新增资产，同样归国家所有。这就进一步说明了企业基金股的设立并非“化大公为小公”或所谓“把国家财产变为企业财产”。

在这里还需要补充一点：并不是任何企业都有条件建立企业基金会；假定某些企业没有条件建立企业基金会，那该如何处置企业历年留利形成的自有资产呢？一种可供选择的做法是把企业这部分自有资金债权化，作为改组后的股份公司所欠的债款，按期付息收息，而不作为股份投入。这是否可行，还需通过试点来总结经验。

---

① 《中国改革大思路》，国家经济体制改革委员会规划司编，沈阳出版社，1988年版，第112页。

第四章　国有资产的管理

发展并壮大公有制基础上的有活力的企业，是与今后的国有资产体制改革分不开的。国有资产管理部门是国有资产的代表，但国有资产管理部门毕竟是行政部门，今后，国有资产管理的具体业务究竟应当如何进行？这里是否存在政企分开的问题？如何按企业原则来经营、管理现有企业的国有资产，并负责国有资产在运营中的保值、增值？如果今后一段时间内继续推行承包制，如何加强国有资产管理？如果以股份制为目标模式，实行国家参股或控股制，国有资产又将如何管理？怎样才能避免把国有资产存量无偿地或贱价地转化为集体的或个人的财产？在需要有偿转让国营企业的资产时，怎样使国家财产不致遭受损失，收入应如何处置？所有这些问题都需要认真探讨。下面，先讨论国有资产管理体制的改革问题。

第一节　国有资产管理体制的改革

一、研究国有资产管理的意义

在研究中国经济如何走向繁荣时，有必要加强对国有资产管理的研究。研究国有资产管理主要有以下三个目的：

第一，由于国有资产是社会主义公有制经济的物质基础，侵蚀国有资产必然使全民的利益受到损害，使社会主义公有制的物质基础受到破坏，因此有必要加强国有资产管理。研究国有资产管理的目的之一在于研究如何才能有效地管理国有资产，如何才能使国有资产管理规范化、制度化，以维护全民的利益，保证社会主义公有制经济建立于坚实的物质基础之上。

第二，国有资产的收益是国家财政收入的重要源泉。国有资产管理不善，必然使国家财政收入减少，从而不利于社会主义经济的稳定与发展。研究国有资产管理的目的之二在于研究如何有效地运用国有资产，使国家资产的收益稳定和持续地增加，以保证国家财政收入增加，保证国家今后能有更多的资金用于经济建设。

第三，社会主义社会中，各类资产构成一个庞大的资产体系。在这个资产体系内，除了国有资产以外，还有各种非国有资产，包括其他公有资产、私有资产等等。国有资产在这个资产体系中居于主导地位。因此，加强国有资产管理，不仅有维护社会主义公有制物质基础和增加财政收入的宗旨，还有如何发挥国有资产在社会主义资产体系中的主导作用，通过国有资产的有效运用以提高其他各类资产的经营效益，加速社会主义经济发展的宗旨。从这个角度来看，研究国有资产管理的目的之三在于研究如何理顺国有资产同其他各类资产之间的关系，以便更好地发挥国有资产在社会主义资产体系中的主导作用，使其他各类资产的经营效益都能不断提高。

对国有资产管理的研究可以从不同的方面着手。本节准备从如何完善国有资产管理体制的角度来探讨如何加强国有资产管理等问题。

围绕着上面提到的研究国有资产管理的三个目的，在本节中将考察如下的问题：

1. 近期内如何处理人民代表大会、政府、企业三者在国有资产管理中的关系，以达到维护国有资产，促使国有资产增值和财政收入增加，发挥国有资产在社会主义资产体系中的主导作用的目的。

2. 中期内如何进一步完善人民代表大会、政府、企业三者在国有资产管理中的关系？这里涉及两个问题：一是，近期内所建立的人民代表大会、政府、企业三者在国有资产管理中的关系有哪些不足，为什么有必要进一步完善？二是，如何进行改善？

3. 长期的国有资产管理模式是什么？在这个目标模式中，人民代表大会、政府、企业三者之间应是什么样的关系？依据何在？如何逐步走向这个目标模式？

二、近期的国有资产管理体制

首先应当说明，这里所说的近期的国有资产管理体制并不是指现存的国有资产管理体制，而是指通过一定的改革与调整，希望在近期内建立起来的国有资产管理体制。国有资产管理中的人民代表大会、政府、企业三者之间的关系包括在国有资产管理体制之内。这种关系本身也可以被看成是一定的国有资产管理体制的反映。

但近期的国有资产管理体制与现存的国有资产管理体制之间存在着联系，前者只有在现存的国有资产管理体制的基础上进行改革与调整才能建立。完全脱离现存的国有资产管理体制去设计一套近期的国有资产管理体制，是不现实的。

关于这一点，在厉以宁主持的北京大学课题组的《1988～1995 年我国经济体制改革纲要》中，曾这样写道：由于在我国工业企业中已经推行了承包制，而股份制仍然处于试点阶段，因此有关国有资产管理体制的近期改革设想必须立足于承包制的完善之上。在国有资产管理方面，承包制的一个缺陷是发包方不规范，发包方与承包方之间的关系也不规范，从而承包合同实际上对发包方没有约束力，而对承包方的约束力也是比较软的。这种情况既不利于维护国有资产的价值，又不利于增加财政收入。因此，近期的国有资产管理体制改革方面的一项重要内容是在承包制完善化的同时，使发包方以及它与承包方之间关系的规范化。①

发包方规范化的具体办法是把由政府机构或行政性公司作为发包

① 参看《中国改革大思路》，国家经济体制改革委员会规划司编，沈阳出版社，1988 年版，第 101 页。

方改为由企业主管机构、财政部门、同行业代表等组成的行业性企业发包委员会发包，并且允许实行跨地区发包。至于承包方，则应当大力推行集团承包制，具体形式包括行业集团承包、区域集团承包、金融——企业联合承包等。

在发包方规范化以及大力推行集团承包制的基础上，发包方与承包方之间的关系也就可以逐渐规范化。具体设想是：国有资产管理局是国务院之下的管理国有资产的职能机构，负责管理企业中的一切国有资产（在近期内，作为一种过渡的办法，该局可以由财政部代管）；同时，作为发包方的行业性企业发包委员会同各级国有资产管理局签订国有资产管理合同，按国有资产管理合同上的规定比例与国有资产管理局分享收益。

这样，在近期内，在国有资产管理方面，政府与企业的关系就以“国有资产管理局——行业性企业发包委员会——承包方（主要是集团承包制下的承包者）”的形式被确定下来。下面的示意图可以大体上说明这种关系。

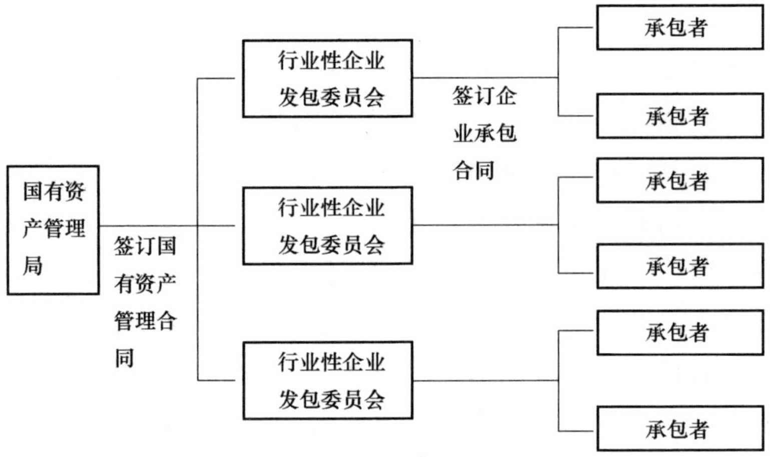

在上述关系中，最重要的一环是行业性企业发包委员会。企业发包委员会与企业之间的关系是发包与承包的关系；企业发包委员会与各级国有资产管理局之间的关系，是受委托主持国有资产发包事务的机构（企业发包委员会）同管理国有资产的主管部门（国有资产管理

局）之间的关系。企业发包委员会对国有资产管理局负责，二者之间签订国有资产管理合同。企业发包委员会受国有资产管理局的委托，监督承包企业中的国有资产保值与增值状况，促使承包企业合理运用国有资产，提高资产经营效益，并保证承包企业把运用国有资产所取得的收益中的合理比例上缴给国家财政部门。

在这里需要说明的是，为什么要有行业性企业发包委员会这一环节？各级国有资产管理局直接同承包企业签订承包合同岂不更好吗？或者，各级国有资产管理局同各级政府之下的各主管机构（部、厅、局）之间建立联系，而由后者同承包企业建立联系，不也是可行的吗？要知道，建立行业性企业发包委员会有利于使发包方规范化，有利于较合理地确定承包基数。以各级政府下的各主管机构（部、厅、局）或行政性公司作为发包方，是不如以行业性企业发包委员会作为发包方的。关于这一点，在《中国改革大思路》一书所载的北京大学课题组方案中已经作了解释。[①] 那么，能不能由国有资产管理局直接同承包企业建立发包与承包关系，而不需要有行业性企业发包委员会这一环节呢？应当指出，建立行业性企业发包委员会并以此作为中间环节，是从近期内我国经济的实际情况出发的。由于工业企业大多数实行了承包制，而企业数目又是如此众多，国有资产管理局实际上难以实现发包的任务。而且，即使国有资产管理局有足够的人力可以同每一个承包企业就发包与承包事务进行谈判、协商，但企业的具体情况十分复杂，企业与企业之间的差异又很大，国有资产管理局掌握的信息量毕竟有限，因此承包基数规定得不一定合理，其结果还不如由国有资产管理局委托行业性企业发包委员会主持国有资产的发包事务更有成效。

在企业实行承包制以及国有资产管理局委托行业性的企业发包委员会主持国有资产发包事务的条件下，在国有资产管理中，人民代表大会行使对国家机关（包括国有资产管理部门）的监督权。这种监督

① 参看前引书，第 101 页。

包括法律监督和工作监督两个方面。在国有资产管理中，法律监督主要是监督宪法和法律中有关保护国有资产不受侵犯等条款的实施，工作监督主要是对国务院及其所属部门在国有资产管理方面的工作进行监督。人民代表大会还受理人民群众对违反宪法和法律中有关保护国有资产的条款的行为提出的申诉、控告和检举等。

三、中期的国有资产管理体制

这里所说的“中期”是指九十年代中期、后期或更长一些时间而言。中期的国有资产管理体制与近期的国有资产管理体制相比，有较重大的变动。这主要与经济体制改革的进程有关。相应地，在中期的国有资产管理方面，人民代表大会、政府、企业三者的关系也有所调整。

如上所述，近期内，国有资产管理体制的设计是以完善企业承包制和导致企业发包方规范化作为依据的。因此，人民代表大会、政府、企业三者在国有资产管理中的关系也按照承包制的模式来处理。但正如前两章所指出的，承包制作为一种企业经营方式是有缺陷的，它具有过渡性质。尤其是在国有资产的管理方面，它的缺陷更为明显。企业承包制之下，国有资产的保值和增值都受到限制，财政收入的稳定增长也因企业行为短期化现象的存在而受到限制。此外，在企业承包制之下，很难发挥国有资产在社会主义资产体系中的主导作用，很难通过对国有资产的有效运用而提高各类资产的经营效益。因此，为了适应经济体制改革的进展，随着由企业承包制向公有制基础上的股份制的过渡，有必要对近期国有资产管理体制进行重大的改革。这就是设计中期国有资产管理体制的基本考虑。

公有制基础上的股份企业的组成问题，在本书第三章中已经作了论述。现在再简要地归纳一下，可以认为，公有制基础上的股份企业大体上可以区分为三种类型。第一类是完全由国有资产的股份组成的。第二类是由国有资产的股份与其他公有资产的股份共同组成的。第三类是完全由国有资产以外的其他公有资产的股份组成的。这三种类型的公有制基础上的股份企业中，与国有资产管理有关的，是第一类企业与第二类企业。

在公有制为主的条件下建立股份企业的问题，在本书第三章中也已作了论述。这些股份企业大体上也可以分为三种类型。第一类是以国有资产的股份为主并有少量非公有股份组成的。第二类是由国有资产的股份与其他公有资产的股份二者为主并有少量非公有股份组成的。第三类则是以国有资产以外的其他公有资产的股份为主并有少量非公有股份组成的。非公有股份包括社会上的私人持股和外资持股。这三种类型以公有制为主的股份企业中，与国有资产有关的，也是其中的第一类企业与第二类企业。

此外，如果合资企业中的国有资产的股份与外资股份所占的比重相近，或国有资产的股份只在合资企业中占较少份额，那么，尽管这样的股份企业是混合所有制的企业，但国有资产管理问题是同样存在的。

为了适应股份制的实际情况，国有资产管理局之下将设立各个国有资产经营公司（或国家控股公司），它们将成为股份企业中的国有资产股份的持有者。相应地，随着承包制向股份制的过渡，行业性企业发包委员会也就没有存在的必要了。

关于股份制之下的国有资产管理体制，厉以宁在《经济体制改革的探索》一书中曾作了如下的论述："政府股份不由原来的专业部、厅、局管理，这一点是十分重要的。由于企业法人地位的确立，政企已经分开。专业部、厅、局主要负责制订发展规划和政策，协调企业之间的关系，监督政策和法规的执行等，而不再过问股份制企业的事务。政府股份的管理和政府董事的派出，都是国有资产管理局的职责。"① 当然，这只是股份制之下国有资产管理的原则，并不等于可操作的国有资产管理方案。下面，准备从三个方面对上述原则进行阐述。

第一，设立国有资产经营公司（或国家控股公司），它们将成为股

① 厉以宁：《经济体制改革的探索》，人民日报出版社，1987 年版，第 69 页。

份企业中的国有资产股份的持有者。

在股份制之下，国有资产管理局代表国家进行国有资产股份的管理，这主要体现于贯彻执行国家有关国有资产管理的方针、政策、法律、法规，拟订全国性的国有资产管理条例和各项管理制度，并组织实施。至于具体的企业经营管理、参股、转移股份、资产评估等活动，则不宜由国有资产管理局来直接从事。这是因为，一方面，国有资产管理局是政府机构，如果政府机构直接从事企业经营管理等活动，政企不分的情况难以消失；另一方面，企业经营管理等活动的工作量非常大，如果都由国有资产管理局来从事，效率必定低下，而且也不可能适应市场情况的变动，结果势必达不到有效地管理和运用国有资产，提高资产的经营效益的目的。为此，建立国有资产经营公司（或国家控股公司）是必要的。

国有资产经营公司（或国家控股公司）是独立的利益主体，是法人，它们按企业的方式建立。它们由国有资产管理局直接管辖，它们的资金来自国家投资，因此，它们本身也是国营企业。它们受国有资产管理局的委托，在持有各类企业的国有资产股份的基础上，按持有的股份的多少派出董事，参加这些企业的管理。

国有资产经营公司（或国家控股公司）基本上按行业组建，但在建立之后，在业务上可以跨行业交叉持股、交叉经营。在某些场合，国有资产经营公司（或国家控股公司）也可以按地区组建，并且在建立之后，在业务上也可以跨地区、跨行业交叉持股、交叉经营。

第二，国有资产管理局虽然不直接从事企业的经营和参股活动，但由于它直接管辖着若干个国有资产经营公司（或国家控股公司），并由国有资产经营公司（或国家控股公司）运用国有资产，从而可以使国有资产给国家财政部门带来更多的收益。

在这里需要说明的是，国有资产经营公司（或国家控股公司）既然是国有资产股份的持有者，那么股息、红利收入以及股票溢价收入必然归国有资产经营公司（或国家控股公司）所有。与此相应，如果国有资产经营公司（或国家控股公司）经营不善，它们所持股、控股的那些企业亏损，那么它们不仅得不到股息、红利收入，而且还要承担股票跌价的损失。换言之，国有资产经营公司（或国家控股公司）作为企业，它们的收入是浮动的，收入多少要依它们的经营活动的成败，以及它们持股、控股的那些企业的盈亏转移。这样一来，如果国有资产经营公司（或国家控股公司）的收入不稳定，国有资产股份所提供给国家财政部门的收入也就不可能稳定，这对于国家来说是不利的。因此，根据国有资产管理局、国有资产经营公司（或国家控股公司）、企业的关系、有必要制定一种既能保证国家财政部门有较稳定的收入，又能促使国有资产经营公司（或国家控股公司）提高资产经营积极性和提高资产经营效益的方案。具体设想如下：

有条件接受国有资产管理局的委托，承担经营管理国有资产的任务的是若干个国有资产经营公司（或国家控股公司），它们都是国有资产管理局可以挑选的对象。至于每一个具体的企业中的国有资产股份究竟由哪一家国有资产经营公司（或国家控股公司）来持有，可以通过公开竞争、招标投标的方式实现。国有资产经营公司（或国家控股公司）自身的条件、信誉以及它所提出的条件（包括上缴给财政部门的国有资产净收益的数额），成为国有资产管理局择优的依据。由于各个国有资产经营公司（或国家控股公司）处于竞争之中，这样，一方面，它们必须提高资产经营效益，提高公司的信誉，才能使自己被国有资产管理局所选中；另一方面，国有资产管理局在通过择优方式来选择具体企业的国有资产股份的持有者时，可以使上缴给财政的国有资产净收益的数额保持稳定（如规定保底的数额），并且可以使财政部门得到较多的净收益（如规定递增分成比例）。只要国有资产经营公司（或国家控股公司）能在竞争中不断提高资产经营效益，而国有资产管理局又能通过择优而选中最适当的国有资产经营者，那么财政部门就可以不断增加来自国有资产经营的净收益。

国有资产管理局同国有资产经营公司（或国家持股公司）之间的

国有资产管理合同是有限期的（比如说十年为一期）。假定国有资产经营公司（或国家控股公司）能按照合同按时上缴财政部门的资产经营的净收益，并且在国有资产的保值、增值方面完成任务的情况良好，那么合同期满后可以优先取得续订合同的资格。假定它们在实现国有资产管理合同方面情况一般，在合同期满后，国有资产管理局可以另行选择新的国有资产经营者。假定合同尚未到期，而国有资产经营公司（或国家控股公司）由于主观努力不够、经营效益低下等原因而未能按时上缴财政部门的资产经营的净收益，或者在国有资产的维护方面有较大失职，以致于国家受到较大损失，那么国有资产管理局就可以根据合同，在合同到期之前就更换国有资产的经营者，避免国有资产继续遭到损失。

第三，国有资产股份是可以有偿转让的。国有资产股份的转让由国有资产管理局审批。国有资产经营公司（或国家控股公司）作为受国有资产管理局委托的国有资产股份持有者，在未经国有资产管理局批准之前，不得转让国有资产股份。

这是国有资产经营公司（或国家控股公司）与国有资产管理局之间签订的国有资产管理合同的内容之一。国有资产管理局委托国有资产经营公司（或国家控股公司）持有若干企业的国有资产股份，并根据股权派出董事，参加企业的经营管理，但这并不等于国有资产经营公司（或国家控股公司）在未经国有资产管理局批准之前就可以转让（即使有偿转让）国有资产股份。

当然，这里需要区分国有资产的存量和增量。国有资产的存量是指国有资产经营公司（或国家控股公司）受国有资产管理局的委托而持有的国有资产股份。因此，国有资产经营公司（或国家控股公司）要转让国有资产存量，是应得到国营资产管理局批准的。国有资产的增量则包括两个部分。一部分是国有资产股票增值而形成的，这部分资产增量很自然地转化为国有资产的存量，它们仍然要由国有资产管理局批准才能进行有偿转让。另一部分是国有资产经营公司（或国家控股公司）利用自己的盈利所增购的某些企业的股份，或利用自己的盈利进行投资而拥有的资产。这部份资产增量可以由国有资产经营公司（或国家控股公司）自主支配，包括有偿转让出去，但也应向国有资产管理局申报备案。

前面已经指出，国有资产经营公司（或国家控股公司）是企业，它们自主经营，自负盈亏。它们受国有资产管理局的委托，参与国有资产股份投入企业的经营活动，并根据合同按期向国家财政部门缴纳国有资产经营的净收益。这些国有资产经营公司在经营企业时，同其他投资主体的职能一样，它们之间按股权大小在董事会中占有一定位置。它们如果经营状况良好，那么将会保留一部分盈利。这部分保留下来的盈利可以被用于再投资，如增购某些企业的股份等，国有资产经营公司（或国家控股公司）买进卖出这些股票应被看成是它们的正常的业务活动，只需要向国有资产管理局申报备案即可。

以上从三个方面对股份制条件下的国有资产管理原则（也就是中期的国有资产管理体制）作了阐释。下面的示意图可以说明这种体制下的国有资产管理局——国有资产经营公司（国家控股公司）——含有国有资产股份的企业之间的关系：

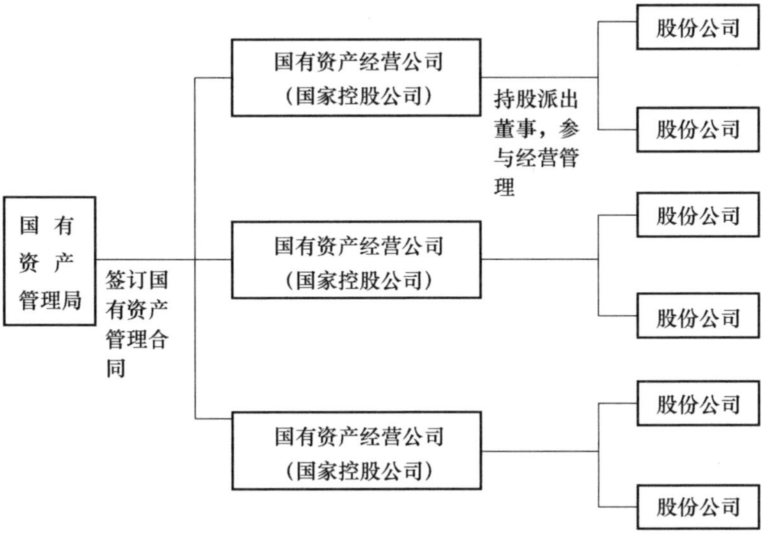

至于人民代表大会在国有资产管理方面同政府与企业之间的关系，在中期内也将有所调整。一方面，人民代表大会行使对国有资产管理局和国有资产经营公司的监督权，并受理人民群众对违反宪法和法律中有关保护国有资产的条款的行为提出的申诉、控告和检举等。另一方面，为了使股份制的实行和股份制条件下国有资产管理规范化，全国人民代表大会常务委员会负责制定修改与股份公司、股票交易等有关的法律，并有权对这些法律作出解释。

最后，在此还想强调一点：股份制与国有资产管理之间的关系如下。如果股份制是一种扭曲了的股份制，或者是只具有公有制股份制之名而没有公有制股份制之实，那么就有可能侵蚀国有资产；反之，如果以规范的方式来实现公有制的股份制，并按改革后的国有资产管理体制来进行管理，国有资产不仅不会受到侵蚀，而且可以被更好地管理与维护，并能使国有资产增值。

四、长期的国有资产管理体制

这里所说的“长期”，主要不是指时间的远近长短，而是指国有资产管理的目标模式而言。从时间上说，很难说出一个具体的界限，也许在二十一世纪最初十年，也许还要再晚一些，这要根据国有资产管理的完善程度和股份制的进展情况而定。但不管怎样，从国有资产管理的目标模式的角度来考察，这一模式只有在“长期”才能实现。因此，长期的国有资产管理体制就是设计中的目标国有资产管理体制。

厉以宁在《中国经济往何处去》一书中，曾对这个问题作过探讨。从长期看，我国国有资产管理体制应在实行股份制的基础上有较大的改革，这方面的改革首先反映于人民代表大会、政府、企业三者在国有资产管理的关系之中。书中这样写道：

“国家财产是全体人民的财产，全体人民的财产应当归全体人民的代表来管理，因此，国家资产管理机构应当设置在全国人民代表大会之下”。[1] 具体地说，就是在全国人民代表大会之下设立全民财产委员会，在各省市人民代表大会之下也相应设立全民财产委员会。

“这些财产归于人民代表大会，而由全民财产委员会代表全体人民来保管、监督和管理，国务院、省市政府以及其下的各部、厅、局不再负责对这些财产的具体的管理”。[2] 具体地说，“国务院、省市政府管理经济，但不管理国家财产，而人民代表大会下的全民财产委员会管理国家财产，而不管理经济。在国务院、省市政府面前，一切企业（不管其中有没有国家投资）都要遵守政策、法规，都要照章纳税。全民财产委员会则不过问经济的运行状况，而专门负责管理国家资产，使之不被任何人或任何单位所侵害”。[3]

根据这样一种设计，“国务院和省市政府下面的财政、税务部门委员向企业征税，但不过问国家投资的资产收入，而全民财产委员会则负责监督、管理国家财产以及由此得到的收入。两种收入（税金和资产收入）的渠道分清，既有利于企业的经济核算，也有利于经常性的财政收入和国家建设基金的管理与使用”。[4]

那么，各级人民代表大会之下设立的全民财产委员会之间又是什么样的关系呢？应当说，这种关系与全国人民代表大会之下的其他专门委员会同地方人民代表大会之下的其他专门委员会之间的关系是一样的，即它们之间并不存在直属关系。全国人民代表大会下的全民财产委员会组成人员的人选由全国人民代表大会主席团从代表中提名，大会通过，并对全国人民代表大会负责，而全国人民代表大会闭会期间，受全国人大常委会领导。省市全民财产委员会组成人员的人选由省市人民代表大会主席团从代表中提名，大会通过，并对省市人民代表大会负责，在省市人民代表大会闭会期间，受省市人大常委会领导。

① 厉以宁：《中国经济往何处去》，香港商务印书馆，1989 年版，第 21 页。

② 同上，第 22 页。

③ 同上，第 21 页。

④ 同上，第 22 页。

就国有资产的管理而言，全国人大之下的全民财产委员会管理中央投资形成的国有资产，省市人大之下的全民财产委员会管理本省市投资形成的国有资产。这就是说，全国人大之下的全民财产委员会和省市人大之下的全民财产委员会的国有资产管理范围不是按地域划分的，而是按投资资金的来源划分的。

各级人民代表大会之下建立全民财产委员会之后，中期国有资产管理体制中的国有资产委托经营的方式仍应保留下来。各个国有资产经营公司（或国家控股公司）将继续受委托来经营管理有国有资产股份的企业，继续派出董事。所不同的是，由于建立了全民财产委员会，国有资产管理局作为一个负责管理国有资产的机构不归国务院领导：或者并入全民财产委员会，由全国人民代表大会领导；或者，在全民财产委员会之下设立国有资产管理机构，主持国有资产的管理工作。国有资产经营公司（或国家控股公司）在前一种情况下同全民财产委员会签订国有资产管理合同，在后一种情况下则同全民财产委员会之下的国有资产管理机构签订国有资产管理合同。相比之下，后一种情况要好一些，这是因为，全民财产委员会之下的国有资产管理机构更适宜于从事国有资产的管理工作，如签订国有资产管理合同，监督、检查各个国有资产经营公司（或国家控股公司）的经营状况以及它们对国有资产的维护状况，审批国有资产存量的转让等。

以上是有关国有资产管理体制改革的设想，也就是国有资产管理中人民代表大会、政府、企业三者之间关系的近期、中期、长期的设想。由于承包制与股份制实行时间的划分并不是截然分开的，即承包制向股份制的过渡可能是渐进的，于是适应承包制的近期国有资产管理体制与适应股份制的中期国有资产管理体制之间应保持某种程度的交叉、重叠。加之，无论是在近期还是在中期，甚至在长期内，也可能存在着租赁制、国家直接经营制等形式，国有资产管理中也不应忽略这些形式。但作为主流的，将是承包制（近期）或股份制（中期和长期），所以本节的探讨仍有较大的适应性。即使以股份制来说，今后，我国的国营企业在公有制基础上（包括“以公有制为主”）向股份制过渡的途径必定是多种多样的，它们有可供自己选择的余地。某个国营企业究竟选择哪一个途径来实现股份制，则要根据企业的性质、规模、目前经营状况等具体条件而定。这里很难说明各个途径中哪一个最优，哪一个次优，哪一个最差。不同的途径适合于不同的国营企业——这也许是较正确的回答。但无论哪一种股份制企业，只要有国家股份，本节的探讨就是适用的。

第二节　国有资产管理与资源配置

一、资源配置的中心问题——效率与公平

资源配置问题从来就是经济学家关心和不断进行探讨的题目。这一点可以从经济学研究的目的来加以说明。人们为什么要研究经济学？三种最常见的答案是：

（1）为了使社会有限的资源被利用于最合理的方面，以便增加社会总的财富，使社会变得越来越富裕；

（2）为了使社会有限的资源被利用于最合理的方面，这不仅能促使社会财富的增加，而且能使这些财富或收入的分配更加符合公平的原则；

（3）为了寻找一种令人满意的制度或机制，这样才能合理利用资源，既促进社会财富增加，又能使财富或收入的分配趋于公平，等等。

不管这些回答有什么样的差别，有一点则是共同的或相似的，这就是：研究经济学是为了促进社会效率的增长和公平的实现。效率和公平是资源配置的中心问题，也是经济学研究的基本课题。

社会主义制度下，由于建立了公有制，并且全民所有制又占据了主导地位，因此，资源配置问题与国有资产管理密切有关。国有资产

管理得越好，资源配置也就越合理，效率与公平问题也就越有可能同时得到较好的解决。

社会主义全民所有制照理说应以“效率”和“公平”两点来吸引人。从理论的角度来考察，“效率”和“公平”无疑应当同国有资产的科学管理联系在一起。由于“效率”既指资源的有效配置，也指工作者的积极性的充分发挥，因此，社会主义全民所有制能够把全国的资源统一调配，能够在全社会范围内实现生产要素的流动，让各种生产要素以最佳的方式组合在一起，从而能够实现资源的有效配置，尽可能提高资源使用效率；同时，社会主义全民所有制之下，人民都是生产资料的主人，每个劳动者都在为自己的利益而工作，于是积极性的发挥是不可遏制的，“效率”也就必然不断增长。另一方面，社会主义全民所有制作为全体人民的所有制，毫无疑问最符合于“公平”原则，因为人人拥有生产资料，人人享有生产的成果。由此看来，社会主义全民所有制应当说是把“效率”与“公平”二者恰当地结合在一起的最好的形式。

然而，理论的概括与实际状况是有出入的。多年来的实践清楚地告诉我们，尽管建立了全民所有制，但由于企业体制方面的问题，由于国有资产管理体制的不完善和不规范，以致于全民所有制企业往往效率不高，“效率”与“公平”二者也难以兼顾。

关于企业体制方面的问题，前两章已经作了阐释。下面，专从国有资产管理的角度来进行分析。

二、国有资产管理体制同效率与公平的关系

关于这个问题，可以从以下四个方面分析：

第一，关于全民所有制有利于资源有效配置的假定以资源在社会范围内的合理流动、转让和优化组合为前提，而资源在社会范围内的合理流动、转让和优化组合，从物质资源来看，则以产权明确为必要条件。但正如前面已经提出的，在社会主义传统经济体制之下，产权

是不明确的，国有资产管理不完善和不规范，从而物质资源（尤其是企业固定资产）难以在社会范围内流动和转让，从而也就谈不上优化组合了。由于缺乏科学的国有资产管理制度，因此，在传统经济体制之下，国有资产往往名为全民所有，实际上变为部门所有、地方所有、小单位所有。这就给资源的流动和转让造成了难以逾越的困难。虽然利用行政手段可能实行强制性的企业合并或改组，或实行强制性的固定资产转移，但由于这种作法往往凭长官意志行事，缺乏市场评价这一不可缺少的环节，结果往往降低资产经营效率，而不是提高资产经营效率。为此，必须改革与完善国有资产管理体制，打破部门所有、地方所有、小单位所有的格局，使国有资产管理部门有可能通过适当的渠道来重新组合生产要素，提高资产经营效率。

第二，关于全民所有制有利于充分调动广大职工的积极性的假定，则又依存于另一个假定，即政府部门和企业的管理者都能以负责的态度对待国家利益，对待国有资产，正确处理国家、集体和职工个人三者之间的利益关系，职工们能以负责的态度对待工作，关心国有财产，并能根据自己的劳动表现取得相应的收入。但在传统经济体制之下，由于缺乏科学的国有资产管理制度，无论后一个假定还是前一个假定，都不现实。原因在于：传统经济体制下，究竟能否保证每一个国营企业的管理者一定是代表国家利益和代表国有资产的，这并无体制上的确实把握。如果国营企业的厂长、经理只代表本部门、本单位利益，或者他们把本部门、本单位利益置于国家利益、国有资产利益之上，而又没有及时更换他们的体制上的保证，那么，当职工发现这一事实时，职工们能否充分发挥自己的积极性，便成为疑问。特别是，当某些管理者有可能利用自己对公共财产的管理的权力而使自己和一部分人得到额外的好处时，那么事实上不公平便成了职工积极性下降的理由。这就是说，尽管建立了全民所有制，但传统经济体制之下的国营企业不一定保证公平的实现，也不一定保证效率的提高。因此，就有必要改革国有资产管理体制，有必要从体制上保证国有资产管理部门能选择真正关心国家利益，关心国有资产，正确处理国家、集体、职工个人三者利益的人来代表国家管理国营企业，并且能按照其工作成绩来及时更换他们或继续任用他们。

第三，由于经济管理的需要，在社会主义全民所有制之下，为了适应现代生产条件，不可能使全国只有一家或少数几家国营企业，而必须使全国有几千家、几万家或更多的国营企业。不同的国营企业拥有的生产资料不一样，生产条件不一样，实际经营成果也就不一样。如果要把这些国营企业的差别全部取消，让所有的企业和职工都按同一标准取得收入，那么全国的国营企业将在一个大得不能再大的“特大锅”中就餐，其结果必定是实际上不公平的绝对平均主义，同时又毫无效率可言。如果承认客观存在的这些差别，容许不同的国营企业和职工有不同的收入，这固然可以促使某些国营企业及其职工的效率的增长，但由于各个国营企业的生产资料和生产条件主要不是他们自己通过努力而获得的，而是国家事前提供的，职工们之所以能到某些条件好的企业中工作，也往往是国家分配去的，因此，他们获得比生产资料较差和生产条件较差的国营企业中的职工较多的收入，同样是一种不公平。为此，在改革国有资产管理体制时，一方面有必要根据每个具体的国营企业拥有的国有资产数量和质量制定合理的国家净收益标准，另一方面有必要容许国营企业的职工在改革后的国有资产管理体制之下比过去有较大的流动性。

第四，效率是通过竞争而实现的，收入的真正公平和就业机会的真正公平也需要通过竞争来实现。竞争就是一种筛选，就是淘汰制。然而传统的国有资产管理体制在本质上排除了竞争，各个国营企业的亏损最终仍由国家来负担，国营企业实际上不存在真正意义上的破产。这样，在没有筛选和没有实际的亏损负担的情况下，国营企业不可能实现效率的提高和真正的公平。为此，在改革国有资产管理体制时，应当充分体现国营企业的竞争原则。正如上一节所设计的，这里应当既包括国营企业的优胜劣汰，也包括国有资产经营公司之间的相互竞争。

我们不能不得出这样的结论：如果国有资产体制不进行改革，而听任国有资产管理体制继续不完善和不规范，那么，社会主义全民所有制的优越性将很难发挥出来，社会的资源配置的失调将难以避免，而国营企业本身既难以实现“效率”，又难以实现“公平”。不仅如此，如果国有资产管理体制不进行改革，那么，社会主义全民所有制本身始终缺乏一种促进资源有效配置的机制，也就是缺乏一种保证效率提高和实现公平的机制，而不得不时常依靠行政机构自上而下的干预来纠偏，这样，社会主义全民所有制的优越性同样无法发挥出来。可见，要发挥社会主义全民所有制的优越性，除了进行企业改革，建立以具有自我约束的、产权明确、政企分开、责任清晰为特征的公有制股份企业而外，国有资产管理体制的改革也是十分重要的。完善的、规范化的国有资产管理体制之下的国家控股和参股制，将是一种大有潜力，大有发展前景的新型公有制。改革应朝这个方向努力。

第五章　企业集团的发展途径

第一节　关于企业集团的一般分析

一、我国经济改革中的企业结构重组

根据以上几章的论述，当前我国企业的一个明显特征是经济效益低下。将我国现有企业结构与成熟的商品经济中的企业结构相比，在内部结构和外部结构上都有明显的幼稚和扭曲的成分。在资本主义经济发展过程中，包含着企业的重组过程，从而提高了资本的效益。因此，对我国企业结构进行重组，改善企业的运行机制，提高企业的经济效益，是我国经济改革的一个基本环节。

经济发展的加速度来源于创新。这种创新既包括技术方式的创新，也包括生产组合方式的创新。企业结构的重组正是宏观经济与微观经济结合部上生产组合方式的创新。在走向新的经济体制的过程中，有必要对现有企业的行为机制进行改造：一方面要对企业内部的责、权、利进行调整，以建立一个以经济效益为主要目标的高效经济活动单元。另一方面要让企业与过去的行政管理系统分离，使企业能在社会主义市场的竞争中按经济规律规范地、健康地发展。因此，企业结构的内部重组和外部重组是建立新经济体制的一项基础性建设。关于这一点，前几章也已经讨论过了。

当前，在经济体制改革中进行企业结构重组的基本方向是企业内外行政联系的弱化和经济联系的强化。通过经济活动链条的纵向衔接

和经济活动单位的横向组合，使行政管理要素逐步分散，而使生产经营要素合理集中。各种形式企业集团的形成和发展，就是企业结构重组的一个重要方式。本章所要分析的，就是我国企业集团的发展问题。

1987 年 7 月，我国已有国家计划单列的大型企业集团 7 个，京、津、沪、苏四省市组建了地方性企业集团 392 个。至 1989 年 12 月为止，全国已有国家计划单列企业集团 15 个，有经地市以上政府批准并在工商管理局注册的企业集团 1630 个。

在经济体制改革的进程中，政府已经制定了一些推动企业联合、发展企业集团的政策，国务院所发的《关于进一步推动横向经济联合若干问题的规定》《关于深化企业改革，增强企业活力的若干规定》，国家体改委和国家经委发的《关于组建和发展企业集团的几点意见》中，对于企业集团的法定含义、组建原则、内外部行为方式和国家政策导向都作了若干初步的规定。这些都有助于我们对我国企业重组和企业集团的发展问题进行分析。

二、资本主义经济史上的企业重组

当资本主义经济由自由竞争进入到垄断的阶段，商品生产的基本单元——企业的发展经历了一个“重组”的过程。这种企业的重组，往往是以不同形式、不同层次间的企业联合为特征，并产生出更复杂但更有竞争力的企业结构。

资本主义经济发展史上的企业联合分别在四个层次进行。

初步的联合是在商品生产的终端——市场上的联合。它的典型形式是若干生产同类商品的企业联合成卡特尔。参加卡特尔的企业都是独立的法人，在划分销售市场、规定商品产量和确定商品价格方面按照协定建立同盟。

较深一层的联合是经营上的联合。它的典型形式是同一生产部门的若干大企业组合成辛迪加。参加辛迪加的企业仍然是独立的法人，但在采购原料和销售产品方面由辛迪加统一经营，即这些企业在经销业务上失去了独立性。

更高级的联合是托拉斯。它是若干生产同类产品的企业在商品生产全过程的联合。参加托拉斯的企业在经济行为上已不再是独立的法人，而只是托拉斯的股东。

最复杂也是最晚出现的企业联合体是康采恩。这是不同领域，多种类型的企业以一个大垄断企业为核心的联合。康采恩的各个组成企业是独立的法人。但康采恩是在资本增值全过程中的联合，康采恩对下属企业的投资、产品开发、市场分布的总体合作进行协调。

企业的联合并不是简单的量的增加，在其质的方面也经历着改造。与上述的企业不同层次的联合相应，联合企业内部也实行着重新构造，这种重新构造通常有三个特征：

首先是资本所有权的多元化。通过发行股票的办法，把分散的资本集中起来兴办股份公司，或者是现有企业通过发行股票扩大资本，这都使企业资本的所有权不再属于某个人或某个家族，而属于一群包括法人在内的股东。这种所有权的多元化一方面使单个资本通过股份公司的形式迅速聚集为巨额资本，为社会化的大生产和大企业的产生创造了条件；马克思对于股份公司的功效有过精彩的论述："建立股份公司这一比较平滑的办法把许多已经形成或正在形成的资本溶合起来"，① "通过集中而在一夜之间集合起来的资本量，同其他资本量一样，不断再生产和增大，只是速度更快，从而成为社会积累的新的强有力的杠杆。"② 另一方面，资本所有权的多元化推动了企业所有权与经营权的分离，为企业经营的现代化和专业化制造了条件。

其次是生产经营范围的多样化。为了适应瞬息万变的市场竞争，许多企业随时根据市场的指示决定自己资本向其他生产领域转移，这就使许多专业化的企业逐渐演变成联合性的公司，互相渗透。现在美国的许多大公司都是一业为主、兼营他样的综合企业。

---

① 马克思：《资本论》，第1卷，人民出版社，1975年版，第688页。

② 同上，第689页。

其三是经营管理的多极化。为了使联合所产生的企业既能够集中力量在竞争中占据有利的地位，又能发挥联合企业中各组成部分的积极性，当代的许多大企业都采用了分级经营和分级管理的形式。美国有不少大财团形成了持股公司、子公司、孙公司等各种经营形式，各级都按法人资格参与经营；在公司内部的管理上，总公司除了掌握分公司经理的任命权、资本权和财政大权外，其余经营管理权由分公司掌握，而分公司也照此办理，把管理权下放到下属厂、店。

资本主义经济史上的企业重组，对于我国企业的重组是有参考意义的。我国的企业和资本主义国家的企业虽然在所有制上根本不同，但在企业形式如何适应生产力发展方面，却有相似之处。

三、企业集团是较高层次企业联合体的特称

企业集团反映的是商品经济发展过程中企业重组所产生的经济现象。国外对企业集团的概念有多种表述：一是：企业集团指企业群所衍生的集团；二是：企业集团不是企业的简单聚合，而是特殊方式的大企业结合形态；三是：企业集团是从技术或其他经营方面的各种职能出发，以经营补充为目的，以各参加成员的自主性为方针，在平等的原则下联合起来的持续的经营结合形态，是一种经营合作体制。后一种定义中，对企业集团的目的、功能、结合方式、活动特点和持续时间作了定性的描述，似乎比较明确。

企业联合和企业集团的产生是商品经济进入社会化大生产时的一般规律。企业联合和企业集团的组建，从本质上说是生产要素组合优化的需要。

首先，企业联合是社会化大生产中优化专业分工，提高生产效率的必然趋势。社会化大生产的特征，不仅是生产规模的扩大，更重要的还是生产专业化分工的加深。专业化生产的优点是很多的，它有利于新技术的应用，有利于提高劳动生产率和降低成本，有利于提高企业的经济效益。但是专业化生产的条件是各分工企业间的协作，否则

就不能最终形成向市场提供的商品。为了保证分工企业间的稳定协作，不同形式的企业联合及企业集团的产生就成为社会化大生产发展过程中企业重组的必然趋势。

其次，企业联合是规模经济的必然要求，是加速科技进步的必然要求。这里所指的不仅是规模的扩大能带来结构性的节约，更重要的是联合所形成的规模扩大为采用先进高效的生产设备创造了条件。先进高效的设备一般都价值比较高，小规模生产的利用率低、经济效益不高，相反，适度的大规模生产中采用先进高效的自动化生产设备，单位产品的相对投入反而比较节省。（见表 1）

表 1　我国大、中、小型企业经济效益的比较（1987）

	全年劳动生产率	投入/产出率	销售成本利税率	亏损企业率
小企业	100%	72.8%	15%	5%
中企业	154%	70.4%	24.7%	7%
大企业	187%	63.6%	31.7%	10.2%

（资料来源：据 1987 年全国工业统计年报）

更进一步说，为了技术进步而进行的科研开发工作往往耗资巨大，只有较大规模的生产才值得并有可能为此而预支。因此，企业联合和企业集团的产生符合加速科技进步的客观要求。

第三，企业联合也是商品经济条件下优化竞争能力的需要。生产经营者之间的竞争，是商品经济发展的必然现象，竞争的成败取决于能否提高劳动生产率，而劳动生产率又在很大程度上取决于企业的规模及组合。七十年代末，美国 1500 家大公司的利润占全部公司利润的 90%，远远超过一千万家小企业的利润总和，这就是由于大型联合企业能够在较大范围内优化、组合生产要素，能够综合利用新科技开发成果，能够加强企业在市场上的应用能力，能使商品生产的各个环节更好地协同起来。因此，竞争推动着联合，而联合能使企业在竞争中处于优势。

由上述可见，企业联合和企业集团的产生是商品经济发展到社会化大生产时必然产生的经济现象，它对于生产力的发展和科学技术的进步都是有巨大的积极意义的。

不难看出，上述分析并不依赖于生产关系中的所有制形态。无论是资本主义的市场经济还是社会主义的有计划商品经济，都必然会在发展的某个阶段上产生企业联合及出现企业集团。区别在于不同所有制基础上所形成的企业联合和企业集团的性质的不同。

第二节　我国企业集团的现状分析

一、企业集团的概念、特征与内部结构

（一）企业集团概念

国家经委把我国的企业集团定义为："适应社会主义有计划商品经济和社会化大生产的客观需要而出现的一种具有多层次组织结构的经济组织。它的核心层是自主经营、独立核算、照章纳税、能够承担经济责任、具有法人资格的经济实体。"① 现阶段我国的企业集团一般具有以下四个基本特征：

1. 群体性，也就是说，企业集团是一组有法人资格的企业群体，而不仅是一个大企业。

2. 整体性，即组成企业集团的企业群必须有依靠特定的经济纽带有机地连接成经济活动的整体，而不是孤立活动的一群企业。

3. 层次性，即用经济纽带联系的企业，应形成紧密程度不同的层次结构，而不只是松散的企业联合体。

4. 实体性，即企业集团的核心必须是具有法人地位和投资功能的

① 《关于组建和发展企业集团的几点意见》，《国务院公报》，1988 年第 6 期。

经济实体，而不是不承担经济责任的行政性公司。

由此，一个企业集团的组合属性应该包括下列六个方面：（1）经营目标的一致性；（2）经济利益的共同性；（3）相互结合的自主性；（4）经济技术联系的稳定性；（5）扩大投资的独立性；（6）生产经营的实体性。

（二）现阶段企业集团的非规范性

但在实际经济生活中，现有的企业集团还不能完全体现出上述六种组合属性，甚至有些形成过程中的企业集团长期未能具备前述企业集团的四个基本特征。这是因为，在我国处于社会主义传统经济体制向有计划商品经济体制变革过程中产生的企业集团，往往还有下述非规范特征：

其一，虽然我国的企业集团往往是以公有制为主体的，有外资、民间资金参加的，以独资、合资和股资混合的多元化所有制的混合体，但公有制投资者的产权并不明确，因此在资产所有制方面有明显的非规范性。

其二，我国的企业集团往往与现行的各级经济行政机关有着千丝万缕的、难以分割的联系。集团和集团企业的投资、生产、经营与分配依赖行政机构的支持，同时还受着行政机构的制约。因此在企业的经济行为方面有明显的非规范性。

其三，我国的企业集团受制于在改革中日益分割的地方行政体系。其生产要素的内部组合和生产结构的优化并非都按最大效益原则进行，而在很大程度上取决于地方或部门的行政利益的制约，因此在集团内部组合与结构上有明显的非规范性。

我国企业集团的上述非规范特征是我国经济体制转换过程中不可避免的经济现象。唯有承认并适应这种非规范性，才能推动我国企业集团的较快生成，而消除这种非规范性，则是与社会主义商品经济体制的逐渐成熟同步发展的过程。

（三）企业集团的内部结构

我国企业集团的内部结构通常有三个层次：

第一层是核心层，它是企业集团的公共部分，是集团的领导核心，负责经济导向。核心层本身是一个经济实体，一般称为集团公司，参加核心层的企业成员将失去自己的法人地位而合并为一个法人，成为由集团公司统一资产、统一盈亏、统一经营的分厂（分公司）。现在集团的核心层往往都由集团中实力最雄厚的企业参加并居于支配地位。

第二层是基本层。这是一个组成企业集团基本主体的法人群。其中的各个企业通过产品、工艺、技术、经营、供销、资金、参股等各种渠道与集团核心形成稳定而紧密的联系，并受集团核心的指挥和控制。其主要经济活动是在集团内进行的，但企业作为人、财、物的主体是独立的。在经济活动中仍有独立的法人资格。

第三层是外延层，它由与集团保持稳定协作关系的企业所组成，在协作的协议之外，集团对这些企业并没有约束，也不承担责任。

其他几种对企业集团内部结构的描述如下图：

核心企业——持股公司（母公司）——紧密层

↓　　　　　↓

骨干企业——控股公司（子公司）——半紧密层

↓　　　　　↓

配套企业——参股公司（孙公司）——松散层

↓　　　　　↓

协作企业——联系企业——外围层

除以上情况外，在集团的形成过程中还有许多混合型的非规范结构。

鉴于我国的企业集团大都是发育中的企业集团，它有三个发展阶段，即形成中的企业集团，发育中的企业集团和成熟的企业集团。因此在具体应用企业集团概念的时候，要注意我国企业集团的非规范特征和发展的阶段性，使其具有较大的包容度。

二、企业集团的分类

现在国内一些论及企业集团的文章多以“紧密型”“半紧密型”“松散型”来作为企业集团的分类。这是从内部结构的不同层次上区别的。除了用这种分类方法而外，还可以用生产结构的优化形式来进行分类。这种分类方法也有其优点。按照这种分类方法，企业集团可以分为以下四类：

1. 规模优化型的企业集团

它往往是由同行业企业的联合与集中或大型企业的扩张与兼并形成的适当规模的企业联合体。这种企业集团的主体一般是技术先进的大型联合企业，它通过联合或兼并中小企业群来加速自己规模的扩大，同时也帮助参加集团的中小企业群实现自己的技术进步。如金星电器集团就是这样，它以上海电视机一厂为主体，联合了九省二市的42家中小电子企业，形成有4.8万职工，有年产300万台的生产能力。它的产量占全国总产量的1/5，劳动效率和企业效益都有较大提高。规模优化型的企业集团核心层的实力一般比较雄厚，其基本层的结构比较复杂，产品种类多，有较强的投资能力。

2. 分工优化型的企业集团

它一般是以名优产品为龙头，以骨干企业为核心，按分工配套的原则组建的。这类集团的核心层一般不大，其实力主要取决于生产名牌产品的流动资金和新产品的开发基金的大小。基本层中的企业，根据名优产品的复杂程度，其数量有限。而大量的集团成员属于外围层，承担各零部件的协作生产任务。二汽集团就是以东风汽车系列产品为龙头，以第二汽车制造厂为核心，以技术和产品配套为纽带，由全国210个厂家组合起来的分工优化型企业集团。其中从事科研生产的1家，从事技术后方生产的6家，从事底盘和整车生产的14家，从事专用车生产的64家，纵向扩散的20家，横向配套的34家，供应维修配套件的62家。它打破了我国汽车工业中长期难解决的“小而全”的生产格局，改变了资金技术力量分散，长期在低水平上重复生产的面貌，利用专业分工的组合优势，发展集团系列化产品，建立符合经济规模的新产业结构，创造新的生产力。

3. 经营优化型企业集团

在传统经济体制向新的经济体制转变的过程中，市场的作用越来越重要，每一个企业必须在新的供销市场中重接自己的经营链环。这样，经营优化型的企业集团就应运而生。这类企业集团是某种生产中各产供销相衔的企业按“一条龙”方式组合起来的。集团的核心层很小，有时是依托在一个大的关键企业中，以董事会或董事会下的总经理负责制为领导形式，起统筹、协调、监督、服务集团各成员的生产和开发的功能，集团的各个成员都是独立的法人。而作为协作的外围层也不大。中国北方有色金属黄金联营集团就是个典型的例子，这个集团以沈阳冶炼厂为依托，从矿山、冶炼到加工“一条龙”上的企业为主体、加上集团财务公司等准金融机构和销售单位组成跨地区、跨部门、跨所有制的企业集团。它实行董事会领导下的总经理负责制，各成员厂都是董事会成员单位，总经理下设协调管理部，负责集团的统筹、协调、监督、服务工作。

4. 开发优化型企业集团

这种集团往往产生于一些高技术产业。许多过去靠行政联系的企业和科研单位为了开发市场、开发高技术、开发新产品而实行经济联合，组成企业集团。它的显著特点是科研单位（包括高等学校）与企业的结合，新技术开发与市场开发的结合。中国邮电总公司（PTIC）组建的微波集团就是一个利用系统的组网优势、自愿结合、致力于微波通信市场的高技术，新产业开发的多向型集团。它把开发、设计、研制、生产、施工、安装、培训全套系统有机地组合起来，缩短了新技术在市场实现的周期，以组织严密、效率高、服务周到、质量好而饮誉市场。

除了上述四类按结构优化区分的典型分类外，还有许多混合型的

企业集团。(见表 2)

表 2　我国工业企业联合组织类型的分类

企业联合形式	规模优化型	分工优化型	经营优化型	开发优化型	其他
个数	2754	821	511	1143	1543
比例	40.6%	12.1%	7.5%	16.9%	22.9%

(资料来源：1988 年 5 月国家经委企业集团座谈会材料)

三、企业集团的产生途径

我国企业集团的产生一般有两种形式：一是横向联合，其中包括合并、协议合作、互相参股等形式。二是大企业的扩张，其中包括兼并、投资控股、技术联营、名牌产品加工扩散等形式。

近年来在新旧体制交替过程中出现的企业集团主要有六种产生途径。

1. 国家所有，行政推动，系统组合，行业管理配套。

这类企业集团多为原行政性公司或其下属的企业群在行政联系瓦解后，为加强必要的经济联系和实现必要的行政管理而组建的。

2. 名牌产品，龙头聚集，分工协作，专业分工配套。

这类企业集团一般都是由一个生产名牌产品的大企业聚集一批与其协作的中小企业组建起来的。

3. 科企联合，互供所需，研产衔接，技术开发配套。

这类企业集团往往由大学、科研所与有关的大企业联合组建的。

4. 城乡联合，更新工艺，扬长避短，劳动技术等级配套。

随着社会的进步，老企业的技术要更新，有些占地、污染、低效但劳动技术要求低的工艺和产品面临着被淘汰的危险，而农村的乡镇企业正好能占领这个领域。由此，城市技术先进企业与乡镇的技术落后企业联合成企业集团，既在劳动技术等级上互相配套，各得其所，又能实现城市企业的技术改造和带动乡镇企业的技术提高。

5. 跨区协作，产供联营，共同开发，资源利用配套。

这类企业集团往往以沿海城市缺乏能源与原材料的第二产业与内地原材料生产基地的联合为轴心。

6. 企业投资，视利而行，扩张兼并，投资需求配套。

这种集团往往是由一个大型企业通过综合投资扩张起来的。

四、企业集团的经济功能

（一）微观经济功能

先分析我国企业集团在微观经济中的功能。

我国的企业组织形态部分地向企业集团转化，在微观经济范围内产生了五个方面的优化功能。

第一，这种转化使企业生产要素的优化重组得以实现。我国原有的企业组织形态受条块分割，行政控制影响很重，生产要素的配置有许多不合理之处。往往有劳力的没技术，有技术的没资金，有资金的没原料。组建企业集团之后，打破条块分割、解脱所有权不同的束缚，可以使劳力、资金、设备、原料在更先进的技术条件下优化重组，从而提高生产的效益，实现技术的进步。如吉林市汽车工业公司有几万米厂房和焊装、冲压、油漆生产线，但没有定型产品。长春东风汽车厂等三个厂专业化程度低，产品缺乏竞争力，而一汽准备投资建轻型车生产基地，这三个轻型车生产系统联合之后，充分利用了地方企业的原有基础，节约投资 2 亿多元，并将轻型车生产基地的建设周期缩短了两年。

第二，这种转化使企业生产的专业化得以实现。过去许多被迫搞“大而全”“小而全”的企业可以通过分工协作走上专业化生产的道路，从而实现工业发展中历史性的进步。如原洛阳柴油机厂，产品无销路，参加了“一拖”集团后，与主体厂实行了资产一体化，主体厂对其实行了专业化改造，专门生产小四轮的转向机和前桥部件，改造后的年利润是改造前的 23 倍。（1988 年 5 月国家经委召开的企业集团座谈会

交流材料)

第三，这种转化可以使企业的规模经济效益得以实现。据1987年工业普查统计，我国98.5%的企业是中小企业，由于规模小而效率低，绝大多数没有得到适度的规模效益。实行集团化后扩大了生产规模，通过聚合，产生了“1+1>2”的规模效益，使企业经济效益得到明显的持续的提高。(见表3、表4、表5、表6)

表3　部分企业集团经济效益的比较

集团名称	1985年利税(万元)	1986年利税(万元)	1987年利税(万元)	1988年利税(万元)	平均年增长率
上海康达集团	/	15	191.3	304.2	350.1%
永久集团	1107	4160	4796	4078	54.2%
苏州长城集团	/	3400	3855	4500	15.1%

(资料来源：根据1990年四省市部分城市推进企业集团深化发展研讨会材料整理)

表4　部分新建企业集团经济效益的比较

集团名称	1988年产值(亿元)	1989年产值(亿元)	年增长率	1988年利税(亿元)	1989年利税(亿元)	年增长率
拉舍尔毛毯集团	3.70	4.60	24.3%	0.83	0.92	10.8%
中意电器 集团	1.66	2.10	26.5%	0.76	0.85	11.2%
牡丹江 钢铁集团	0.426	0.440	3.19%	0.102	0.113	11.1%

(资料来源：同表3)

表5　达美集团主要经济指标的增长

	固定资产(亿元)	工业总产值(亿元)	销售收入(亿元)	出口创汇(亿美元)	实现利税(亿元)
1986年	31.98	53.82	42.64	1.89	5.95
1987年	39.22	79.06	71.23	3.76	9.32
1988年	47.59	83.36	91.00	4.47	11.81
1989年	55.69	84.25	101.63	5.01	12.56

(资料来源：达美集团1990年总经理报告)

表 6 达美集团主要经济指标的年增长率

指标	1987/ 1986 年	1988/ 1987 年	1989/ 1988 年	年递增率
固定资产原值	23.02%	21.34%	17.02%	20.44%
工业总产值	46.90%	5.44%	1.07%	16.11%
销售收入	67.05%	27.76%	11.68%	33.58%
出口创汇	98.94%	18.88%	12.08%	38.40%
实现利税	56.64%	26.72%	6.35%	28.28%

（资料来源：同表 5）

第四，这种转化可以使企业的市场行为得以实现。原有的企业由于条块束缚、行政控制、指令管理，使企业与市场脱离，对市场信号很不敏感，甚至常常完全违背应有的市场行为。企业参加企业集团后，与原行政单位都有了不同程度的分离，其上级领导完全或部分地变为经济单位（集团），因而就大大地缓解了原先从企业利益出发的市场行为和从领导利益出发的行政行为间的矛盾，使企业有更大的经营灵活性和自主性，使企业能按照市场的变化去调节自己的行为。如上海造纸机械总厂联合了 33 个企事业单位，于 1987 年 5 月成立了中联集团，扩展优势产品，提供成套服务，在第二年的全国性订货会中占领了市场的 49%。（见表 7）

表 7 1988 年全国造纸机械市场成交统计

订货会	总成交额（万元）	中联集团成交额（万元）	中联占领市场份额
石家庄	12000	4900	41%
太　原	11000	4500	41%
福　州	4500	4000	89%
总　计	27500	13400	49%

（资料来源：四省市部分城市推进企业集团深化发展研讨会材料）

第五，这种转化可以推动企业的技术进步。我国工业的快速发展主要依赖技术进步，企业集团可以利用集团主体企业的技术优势、人才优势、技术开发能力优势和龙头产品的优势，较其他企业更快地实现技术进步。如无锡 22 家集团中主体企业为科研型的就占了 7 家，其科技人员达职工总数的 22.3%，以此带动无锡市工业企业技术改造资金 5 年来递增 36%，高于全国 6.95 个百分点，新产品开发科研经费年递增 30.04%，高于全国 22.4 个百分点。

从上述分析看，我国企业集团的发展，不仅提高了企业的生产效率和经济效益，而且开辟了一条将适应产品经济体系，现代化程度不高的我国企业群通过企业组织形态的改造过渡到适应社会主义有计划商品经济，实行现代化的专业化大生产的途径。这是我国企业集团的不断发展的现实生命力之所在。

（二）宏观经济功能

接着，让我们分析我国企业集团的宏观经济功能。

我国的经济正处在发展阶段，经济改革正处在新旧体制交替并存的时期。因此，在国民经济中，有许多深刻的结构性矛盾制约着发展的进程，而企业集团的发展可以推动这些矛盾向有利的方向转化。

我国企业集团的宏观经济功能反映于以下几个方面：

第一，企业集团的发展有利于克服我国产业结构和生产力分布不合理、不平衡的矛盾，推动国民经济中的产业结构调整。

我国原先的经济基础相当落后，解放后，特别是近十年来虽然以较快速度发展，但产业结构的失调仍是相当严重的。产业结构完全由市场规律调整，不仅时间拖得长，还要经历一些企业破产倒闭的痛苦过程。过去我们主要靠国家投资及行政关、停、并、转措施实行调整，收效并不理想，因为国家财力有限，企业又受企业结构的限制，缺少积极性。特别是由于现行劳动制度的特点，对落后企业实行关、停反而增添更多的社会负担。而企业集团则情况不同，企业集团的共同利益是建立在产业结构合理化的基础上的。许多大企业集团成立之后，都把主要工作放在组织专业化协作，调整产品分工，建立产品系列并引进先进技术和技术改造上。只要国家制定相应的产业政策，采取必要的扶持措施，产业结构的调整就成为大企业集团的内部工作。这将大大加强产业结构调整的现实力量，加速产业结构调整的进程。

第二，企业集团的发展有利于克服企业所有权的条块分割体制和生产经营自主权的矛盾，推动我国企业产权结构的调整。

在传统经济体制下形成的地方和部门对企业分割的行政管理体制，束缚着在商品经济体制中企业必需的经营自主权。因此，产权中的“两权分离”是改革的必然要求。但这个“分离”的进程有相当的阻力，其重要原因是地方和部门不愿意放弃其各自的既得利益。而企业集团的发展则可以造成一种阻力较小的“两权分离”的渐进过程。企业集团开始建立时实行的是所有制形式、隶属关系和财政上交渠道“三不变”的原则，这“三不变”尽可能缓解了与原管理体制分离的冲突。集团组建后，经济效益提高了，由于“三不变”，地方和部门的利益还可能增加，因此它们一般不会反对。而实质上，原体制中由行政部门控制的企业经营权已经部分地交给集团这个经济组织来控制了。从这个意义上说，企业集团的发展，推动了所有权和经营权的分离，并为下一步改革“三不变”原则、实现产业结构的调整创造了条件。企业集团在推动这一改革中虽然也有阻力，但痛苦较少，利益调整比较平稳，因而各方面比较容易接受。

第三，企业集团的发展有利于克服计划调节与市场调节的矛盾，推动国民经济管理结构的调整。

在社会主义有计划商品经济的国民经济管理中，计划调节与市场调节作为两种资源配置方式，都是必要的，但现在这两种调节缺乏适当的结合“枢纽”而不得不直接在企业结合，这就使国家直接控制几十万个紧联着市场的企业，其结果，要么是计划调节失控而企业随市场波动，要么是国家控制过死而迫使企业脱离市场。企业集团的发展则可以把国家与企业的关系改造为两个层次：一个层次是国家与企业集团及国有大型骨干企业；另一个层次是企业集团与众多中小企业。国家根据不同企业集团的素质及它所在产业的情况，采取不同的政策控制和计划控制。至于集团对各企业的行为控制，由企业集团自己研究解决，国家只作指导和示范，而转向以间接控制为主。现有不少大企业集团实行了计划单列，这肯定了大企业集团的控制“枢纽”作用，既使集团从地方部门的隶属关系中独立出来，又加强了集团对各企业行为的控制作用，把计划调节和市场调节有机地结合起来了。

第四，企业集团的发展有利于克服国民经济中技术密集产业和劳动密集产业并行发展的矛盾，推动国民经济技术结构的进步。

经过几十年的积累，我国已经建成了一批技术密集型企业，但是由于人口多、底子薄，我国现在还必须大量发展劳动密集型产业才能在原有的基础上和有限的投资下使大多数劳动力有业可就。这样，先进技术和落后技术就会争资金、争能源、争原料、争市场。发展企业集团，有利于将先进技术与密集劳动在不同的生产阶段配套组合，根据综合效益配置资金、能源、原料和安排市场。同时，企业集团能跨先进技术地区和落后技术地区建立有机的经济联系和技术联系，有利于新技术新产业由沿海向内地的扩散。

此外，企业集团在推动我国企业进入世界市场方面也有重要的作用。

如上所述，我国的企业集团在解决国民经济中的许多结构性矛盾方面可以起重要的作用，它们是实现新经济体制和新产业技术结构的推动力量，因而能成为我国经济体制改革中一个有力的杠杆。

五、企业集团发展过程中的矛盾

（一）经济方面的矛盾

当前，我国企业集团的主体尚未发展到健全形态，在集团的内部结构和外部关系中还存在着一些关键性的矛盾，它们制约着集团健康地发展。从经济方面看，主要有下列矛盾：

1. 企业集团内产权分割的矛盾制约着集团的发展。

目前，企业联合成集团之后，大多数仍执行“三不变”原则，各组成部分的产权并未规范化，因而在不少集团内形成中央所有、地方所有、集体所有和集团联合所有交错的局面，而缺少产权合成的纽带，这种未经“一体化”的集团产权分割与应该“一体化”的集团生产经营常常发生矛盾，妨碍着企业集团行为规范化的形成。这里存在着一种两难选择：如果没有“三不变”原则，各企业由于条块利益束缚，很难联合成集团；而实行“三不变”原则，又保持了集团产权分割的现状。因而必须找到一种途径，在集团成员原有的利益得到保护的条件下“合成”集团的产权。

2. 企业集团内利益分配的分割制约着集团的发展。

由于产权的分割和国家对不同所有制企业的不同政策，集团内的利益分配也处于分割的状况：财政分灶吃饭，税收不一，投资管理办法不同。这些都影响了集团成员“利益均沾，风险共担”的积极性，影响了集团行为的最大整体效益原则的实现。

3. 企业集团内的生产要素的分割制约着集团的发展。

由于企业原先在条块分割情况下建立起来的资金、物资、劳力等生产要素的供给渠道未经改变就带进集团，生产要素在集团内仍处于分割状态而不能实行最优配置。内部的资金融通、材料调拨都受制于种种外界因素而集团不能自主。这妨碍了在集团内实行生产要素的优化组合。因而，如何在保持各参加企业的自主权和积极性的前提下加强集团内的生产要素优化配置机制十分重要。

4. 企业集团的计划渠道的分割制约着集团的发展。

现在多数的企业集团没有实行国家计划单列，原有的各企业的计划投入和计划产出渠道在集团内部不能有机衔接。同属一个企业集团的沈阳电缆厂和沈阳冶炼厂，因受体制限制不能互相供给，一方面冶炼厂要将铜装运出省，一方面隔壁的电缆厂要用高价从外省把铜买回来，造成了很大的浪费，使原来很简单的事大大复杂起来。因此，在集团内对原先是分割的计划渠道建立一种“合成”的机制十分必要，否则就会在集团内产生“联而不合”的局面。

由此可见，我国的企业集团有必要逐步改变现在在产权、利益分配、生产要素配置和计划调节结构中的分割现象，只有这样，才能进一步发展和完善起来。

（二）非经济方面的矛盾

制约我国企业集团发展的不仅有经济矛盾，还有不少与社会结构相关的非经济矛盾。它们是：

1. 企业集团的经济法律关系与现行法规的矛盾。

现行的民法通则规定：一个经济实体只能有一个法人。但我国现在许多企业集团作为经济实体具有法人资格，同时其各成员企业由于独立核算，也具有法人资格。这就产生了法规上的矛盾。目前多数集团的成员企业不愿意终止自己的法人资格，由此带来的集团与其成员企业间处理对财产的占有、使用和对外经济责任等一系列的法律关系，需要由国家对新情况进行法律规范。

2. 企业集团经营管理的横向结构与现行行政管理纵向结构的矛盾。

企业集团是跨部门、地区和所有制建立的，无法按行政系统进行管理，但它们本身又无权垂直设立党组织和任命企业负责人，本身也定不了级别，因而隶属关系不明确。这样，许多行政性的管理工作无法通过集团落实，而还需由主管单位直接插到集团所属企业，这就影响了集团管理的统一性。

3. 企业集团按经济规律活动与地方按社会发展指标约束的矛盾。

按照商品经济规律，企业集团的投资、资金一般都应向经济效益较大的地区流动，但是各成员企业所在地为了当地的经济和社会发展指标，往往限制这种投资和资金跨地区的合理流动，从而影响了企业行为的合理化。

4. 企业集团任命管理者的非经济因素与企业家素质要求的矛盾。

企业联合成集团后，需要有企业家眼光和素质的领导人来管理，但是现行的不少集团总经理仍然是由地区或行业主管部门用行政的办法任命的，而无法实现企业家之间的竞争。这就使不少集团的管理者的行为受条块行政利益的制约，集团的发展战略也难以保持稳定性。

第三节　国家对企业集团的导向与政策

一、对企业集团的发展导向

如上所述，我国的企业集团正处在发育和成长的进程中，离成熟阶段还有相当距离，但不可否认，近年来在其发育过程中除了量的急剧增长外，在质的方面有三种进步趋势。

1. 集团的组织结构趋于一体化

前几年发展起来的企业集团，在开始阶段都不同程度地实行着“三不变”原则，这两年，有些集团已经在集团的核心层和基本层开始实行产、供、销、人、财、物“六统一”，这大大加强了集团的整体功能。

2. 集团的投资形式趋于主体化

原先集团的投资大都是以各主管部门和地方、各成员企业自身为投资单位。随着集团的发展，不少集团以集团的核心层为主体的投资量不断增加，并逐步占据集团总投资的主要部分。

3. 集团的生产经营综合化

现在，大多数集团都在扩展自己的生产经营范围，向对提高效益更有利的方向渗透，同时有些单一的工业专业性集团发展成工、商、外贸、科研、金融等多功能的集团，这就使企业集团在内部分工专业化的同时呈现出整体生产经营综合化的趋势。

我国企业集团的上述发展趋势是与国外企业集团的发展过程相似的，但是这种发展会遇到上述种种矛盾（包括经济方面的和非经济方面的矛盾），只有在配套的经济体制改革的推动下才能完成。

在企业集团充分发展之后，我国可能出现这样一个新的经济格局：全国形成若干个大型企业集团，它们是国民经济中的主导力量。国家通过对它们的控制以调节市场和稳定经济全局；同时，它们又成为国家联系广大中小企业的纽带，同成千上万个中小企业保持着密切的联系；当然，此外仍有众多的小企业在市场中沉浮。这时，一个稳定而又有活力的社会主义有计划的商品经济体制比较容易得到实现。

因此，国家对于企业集团的基本方针应该是引导和扶持。根据上一节对企业集团制约因素的分析，对我国的企业集团应实行下列的导向：

第一，集团资产股份化。

当前，集团产权的分散性与集团生产经营活动的统一性矛盾日益突出，条块之间的利益冲突影响了集团的正常运转和长远发展，因此集团的产权必须经过一番“合成”的改造以适应集团的生产经营要求。

产权“合成”有两个途径，一是用行政手段实行资产一体化。现在已有一些企业集团在集团的核心层实行人财物、产供销统一的方式联合。如 1989 年 11 月成立的苏州孔雀电器集团，核心成员都是有一定实力的企业，他们将各成员的全民资产合资，作为一个独立核算单位，具有法人资格，实现了集团成员的“四统一”（规划、营销、融资、人事）。同时，又保留了集团成员的法人地位，集团公司将合并的资产对其成员投出，取得了统分结合的优势。但是在现行隶属关系和现行条块分割的体制下实行这种合并式的资产一体化阻力很大，以至跨地区、跨行业的企业集团很难组建起来。因此，用行政手段实行资产一体化的办法在目前不可能大面积推开。

产权合成的另一条途径是集团资产股份化。这个过程可以分为两步走。一般说来，集团的资产主要来自五个方面：一是国家的投资，二是地方和部门的投资，三是集团各企业的投资，四是集团自身的投资，五是外来投资。采用股份方式，“按资分利，责任共担”，能够建立比较明确规范的资产所有、资产管理、利益分配和资产转让的关系，可以克服所有制的不同、地区不同、行业不同之间的差距，使股份化的集团资产为经营者统一支配，而各家股东可组成董事会来决定投资方针和经营者，这样就初步实现了所有权与经营权的分离。再进一步，集团成员企业的资产也应该股份化，这样，集团对企业的投资、企业之间的投资将在一种明确规范的关系下进行。共同的投资比分散投资所获得的更大利益将增加集团成员的向心力，有利于改变企业的短期行为，促使集团内部生产要素的合理流动。（见表 8）

表 8　沈阳经济技术开发股份公司经济效益表

	公司利润（万元）	年增长率	股东分利率	年增长率
1987 年	236		18.4%	
1988 年	625	148%	19.1%	0.7%
1989 年	1044	60%	26.3%	7.2%

（资料来源：1990 年企业集团座谈会材料）

以常州自行车总厂为主体的“金狮”联合体于 1987 年 3 月组建股份制集团。其入股单位达 154 家，入股资金为 1498 万元（不含主体厂资产）。他们在股份化的过程中注意处理好三个环节：一是资产的评估和归属问题，即对现有资产特别是主体厂的资产量进行评估和划分，他们利用分类折旧的办法对不同时期投入的集体投资、国家投资、自有资金和银行贷款进行评估和划分，解决了现有资产归属问题。二是集体资产的处理问题，他们将划出的集体资金作为集团入股资金，与其他股份一样共担风险，年终分红，分红原则上作为集体单位再投资。三是股权的设置和结构问题。他们设国家股、企业事业法人股、职工共有股和职工个人股四种股权。国家股由市财政局代管；企业事业法人股由法人代表行使股权；职工个人股是个人的合法财产；以奖励基金和福利基金投资的职工共有股，由职工选出代表行使股权。两年来，在实施股份制的过程中，集团得到了较快的发展，1989 年金狮集团完成产值 5.16 亿元，实现利税 4511 万元，出口创汇 625 万美元，被列为全国五百家大型企业之一。

用股份化的办法对集团实施产权合成，保护了原所有者的既得权益，因而不会有太大的阻力，这是当前体制下可以普遍推广的办法。集团资产股份化更深的意义在于它可能成为我国生产资料公有制形式重构的较为容易实现的突破口。现行公有制形式最大的问题是中央和地方国有资产缺乏一种既有经济活力、又能有效控制的管理形式。在集团资产股份化的过程中，国家可以把除必须直接掌握之外的主要国有资产转化成集团的股份，这样，一方面国家和国有资产的联系既简单，又明确，因而有可能由高效率的政府部门进行管理，另一方面由于国有资产的支配权属于经济实体而不属于行政单位，资产内在的经济活力能得到充分的发挥。同时，由于采用了股份化的形式，使国有资产能与企业自有资产、集体资产甚至个人资产共存于一个经济实体之中，能够在不同的需求情况下有更大的使用自由度。①

在集团资产股份化之后，可以进一步把企业资产用类似方式股份化。这样，国有资产就可以分为四个管理层次，一是金融管理层，由国家直接控制；二是投资管理层，由国家以控股和计划的手段在集团层直接调节；三是经营管理层，以政策的手段通过集团和市场影响企业间接调节；四是生产管理层，在这个层次上，国家可以只作宏观经济政策的制定和先进方法的示范指导，而把具体的管理交给企业的经理部门去完成。

如果我国国有资产的管理能形成上述格局，就为公有制结构的重构建立了较好的基础。

集团资产股份化后，全民资产的产权由国有资产管理部门所代表，集团资产的产权由企业法人代表，职工也可以通过购买本公司的股票，成为部分投资所有者，他们与其他产权所有者代表共担风险，共享利润，这就可以使企业的资产由各个投资主体负责，资产经营效率可以

① 参看本书第四章。

大大提高。

显然，集团资产股份化要打破“三不变”条规的限制。

第二，集团管理合理化。

国外企业集团管理的实践证明，在一个多部门、多企业的集团中，需要在三个层次上适当分配管理权限、分别形成三类不同层次的管理中心，即成本中心、利润中心和投资中心。

成本中心为各企业中的车间和分厂，他们仅对生产的成本、质量、效率负责，考核的指标主要是生产或销售的单位成本及质量。这一级管理中心不是独立法人，而仅是一个独立核算的机构。

利润中心为集团的各企业和销售部门，他们主要负责其生产或销售的收入，对他们的主要考核指标是盈利率，他们可以是自负盈亏的独立法人。

最高一级，也是集团最重要的一级，是投资中心，它们的任务是对集团的资本负责投资和回收，它的考核指标是资金盈利率。投资中心把握着整个集团的发展方向。这样做可以避免企业内部各层次热衷于水平分工分权，防止四面出击搞经营，企业管理被削弱。

在我国的企业集团中，逐步建立起分层负责、分级考核的合理管理体制，将大大提高现有集团的管理效率和经济效益。

第三，集团联系金融化。

企业集团与大企业在内部关系上的本质不同是：大企业靠行政管理关系实现其各部分之间的有机组合，而集团主要是靠经济利益关系实现有机组合的。在商品经济体系中，经济利益关系最明确、最规范的形式就是价值形式或货币形式。集团与成员企业之间、企业与企业之间的资产渗透、生产要素调整、利益分配等经济联系，应尽可能采取货币形式计算和确定。因此，建立处理集团内部的经济关系的集团金融中心是十分必要的。

集团的一切金融活动，最终都会体现为资金的运动。集团的整体经济行为若没有整体的资金流动相配套，其解体不可避免。集团间的企业不以金融为纽带，很难形成合力，因此建立集团的金融中心作为集团的核心支柱十分必要。根据国外的经验，企业集团大都有金融机构作为集团的核心，集团内以金融控制为基本联系手段。但在我国，目前还缺乏这样可以自由参与企业经营的金融机构。最现实的办法是组建集团金融公司（或叫集团财务公司），通过向外谋求贷款、集团内部融资、代表集团发股票和债券、与外部银行联股等办法，建立集团投资和经营的资金支持，实现集团的金融控制。目前有些集团已这样做了，效果很好。（见表 9）

表 9　中山集团财务公司经营表

单位：百万元

	存款发生额	贷款发生额	拆入	拆出	担保	利税
1987 年	156.7	75.8	27	15	19.2	1.03
1988 年	209.1	309.3	114.5	33.5	55.9	3.99

注：中山集团注册资本 12.1 亿元，财务公司注册资本 54 万元。该集团于 1987 年成立，至 1988 年底，中山集团实现工业产值 23 亿元，利税 2.9 亿，财务公司资本增至 4445 万元。

只有当集团真正建立了有实力的金融核心之后，集团在经济活动中才能体现强大的优势，集团核心的主要活动才能鲜明地体现出集团的行为特点来。

第四，集团经理专业化。

集团资产股份化后，集团的经理人员将与原所属单位脱离责任关系，而只对集团中所在的层次负责。因此，原先的任命、考核、提升、管理办法都将不再适应。根据发达工业国家的实际经验，企业集团的经理人员专业化将更适应于资产所有权与经营管理权分离状态下的企业组织形式。

集团经理人员的任命应从过去国营企业的行政机关任命制度改成董事会主持的有竞争性的经理（厂长）聘任制。集团经理人员应按目标管理责任制实行考核。在集团内不宜实行招标式的资产抵押承包制，一是因为集团资产的庞大使无人可以作相应的抵押，二是因为抵押承包容易引起企业的短期行为，这是与集团行为相抵触的。

董事会在选聘经理（厂长）时，可以根据他的经验、才能和经营方针，但不必考虑他原有的级别，不必考虑他是何方利益的代表。被聘经理可以按合同解聘。

目前在我国实行企业经理专业化的困难之一是缺乏可挑选的大批可自由流动的专业经理群。各行业的企业家协会和行业的主管部门都应致力于培养和联络一大批有较高素质又是自由流动的企业经理群（有人称之为企业家阶层），这是我国企业提高素质的基础，也是企业集团管理任务复杂化后对经理人员素质提出的要求。

二、关于扶持企业集团的政策建议

对于一种有生命力的新经济组织，任何国家都会运用国家力量来给予支持的。这种支持除了直接的物质支持外，往往是在经济政策上给予优待，法律上给予保证。

为了扶持企业集团，当前急需采取的措施有：

1. 进一步明确集团与国家的经济责任关系，落实集团计划单列后应有的经营权限。

进一步推动大企业集团在国家与地方实行计划单列，将使更多企业从条块束缚中解脱出来，但单列作为产品经济管理模式向商品经济体制过渡的手段，集中着新旧体制的摩擦和矛盾，单列赋予的经营自主权有时难以落实，单列政策有待进一步明确和落实。为此，提出如下建议：

（1）国家应该允许集团具有完整的产品开发权，企业集团有权在国家总体规划和经济、技术政策的指导下进行完全自主的产品开发。

（2）国家应该允许集团具有完整的投资权，集团应是独立承担经济责任的投资主体。社会的投资行为，投资责任逐步从行政部门转向企业，国家可以把投资额度交集团控制，按国家的政策掌握使用，以防止投资分散化和产业结构失调。

（3）国家应该允许集团具有更多的劳动管理权，在与经济效益挂钩的前提下，对工资总额、职工人数、工资发放办法应给一定的机动指标。

（4）国家应该允许集团具有更大的产品销售权，对指令性计划产品应逐步改为最终产品订货的办法。对指导性计划产品的销售，应允许企业建立自己的销售服务系统。

（5）此外，集团也应该保证国家计划产品任务的完成，保证国家税收的合理增长；保证国家投资经济效益，并主动按国家产业政策的指导进行产业结构的调整。为此，集团要建立自我发展，自我约束的机制，克服企业短期行为。

2. 进一步明确集团与各方的利益关系，改革税收体制。

集团要与中央、地方、其他投资者建立相对稳定的经济关系，关键在于要建立各方收入与集团效益挂钩的分享制度。而另一方面，集团资产的股份化和经营一体化要求改变现行的“财政上交渠道不变”的状况。为解决这个矛盾，国家应逐步实行税制改革，走向利税分流，消除中央、地方、企业的界限，由集团统一结算、统一向国家交税。在现行税收制度下，作为过渡办法，可对集团实现的利润，实行“先分后税”的办法，由联合各方协议先分配利润，然后在各所在地交纳所得税，全民企业分到的利润，免交调节税，集团内部互相提供的协作产品免交产品税；相互转让技术成果的收入免收营业税，并减免所得税，这样，才能保证不因集团联合协作而增加税收负担，又不至于过分损害各方原有权益。

3. 进一步明确集团内部的收益分配关系，建立自我发展、自我约束的机制。

集团内的各企业是独立核算、自计盈亏的。除去国家税利外，在集团内部对收益应实行二次分配的制度。第一次分配是解决企业简单再生产的必要资金，以及与企业核算效益挂钩的职工福利基金和奖励基金。第二次分配是将生产发展基金除按还贷计划和必要的企业发展基金外，由集团统一规划，统筹使用，用作技术改造、技术引进和基建投资，以扩大再生产，实现自我积累、自我发展和自我约束机制。

4. 明确集团在社会中的法律权益，制定颁布公司法规。

在企业集团的组建与营运中有许多新的经济现象——协议联合、兼并、控股参股、二级法人、“先分后税”等，这些都与以往的法规有不同程度的冲突。如工商注册登记，各地的做法很不统一，缺乏明确的法律依据，对集团下属企业的法人地位，注册资金，收费标准有很大主观随意性，因此，国家和地方政府应尽快制定颁布有关集团公司的法规，以便有章可循、有法可依，用法规来规范集团的行为，用法规来调节集团的矛盾，用法规来维护集团的权益。

应当指出，我国企业集团在发展的进程中，有可能出现一些共有的或特有的问题。这些问题也需要及早注意。它们是：

（1）集团垄断问题。在资本主义发展史上普遍出现过大集团垄断市场的现象，以至西方国家不得不制定专门的反垄断法来解决这个问题。因此我国在一个行业中应该发展两个以上的企业集团，以形成竞争发展的局面。

（2）集团行政化的倾向。由于我国过去存在过许多行政性公司，现在与集团相接的外界系统大多也是行政性的（如计划管理，干部、人员管理等），在集团发展的过程中容易掉入行政化的旧辙。因此，要特别防止行政性公司简单地翻牌子变成企业集团。要注意强化集团内的经济、技术联系而不是行政联系。

（3）“集团热”问题。我国近几十年有搞经济运动的传统，大家一看到国家对企业集团实行优待政策，很可能全国上下，一哄而起，不论条件，统统搞企业集团。这样反而会造成经济秩序的混乱，干扰正常的企业集团的健康发展。因此有关部门在审批集团的时候要审时度势，既要扶持不成熟的企业集团，使之尽早成熟，又要防止一哄而起，搞“集团热”。

综上所述，在企业重组过程中出现的企业集团是商品经济发展到社会化大生产阶段必然会出现的经济现象，我国社会主义经济在改革的推动下已经走到了这一步。企业集团在当前我国宏观和微观的经济发展和经济体制改革中起着重要的积极作用，特别是它可以作为经济体制改革的一个有力的杠杆，推动企业组织结构、国有资产管理体制、国民经济管理形式的重新构造。

由于我国企业集团现在仍处在幼稚形态，在新旧经济体制交替的特定经济环境下，其内部结构和外部联系都有许多深刻的矛盾制约其健康发育，因此，国家应该并可以运用法规、政策、税收、计划等经济手段扶持和引导企业集团的健康发育。在这种条件下，可以预测，我国的企业集团将会较快地趋于成熟。

第六章　以增加科技投入的方式促进市场繁荣

广义的科技投入包括科学研究与开发的投入、科技教育培训的投入、科技服务与示范推广的投入。狭义的科技投入是专指科学研究与开发的投入。企业技术改造和技术进步的投入，通常不包括在广义的科技投入或狭义的科技投入之内，而是与科技投入并列的。这是从经济统计学的角度所进行的区分。

本章所讨论的科技投入要比上述广义的科技投入的范围更广一些。它把广义的科技投入（科学研究与开发的投入、科技教育培训的投入、科技服务与示范推广的投入）和企业技术改造和技术进步的投入都包括在内。换言之，本章所讨论的科技投入实际上是指用于科学技术发展与技术改造、进步的各种投入的总和，即不限于从经济统计学的角度来进行区分，而是着重于从投资理论或国民经济运行理论的角度来分析问题。我们认为，只有从这个角度来考察科技投入，才能更好地说明科学技术发展与技术改造、进步同长期市场繁荣之间的关系。

第一节　解决市场疲软问题的对策选择

一、市场疲软的结构性

最近一段时间内，我们虽然在压缩投资和控制消费需求增长方面取得了成效，物价上涨幅度明显降低，国际收支状况也有较大的改善，但与此同时，市场销售状况却并不理想，产成品积压，库存物资增多，资金紧张，企业经济效益下降。即使在工业产值增长率回升以后，库存品增多和经济效益下降的趋势也并未扭转。这些问题已经引起了经济界的密切注意。要使当前的国民经济转入良性循环，必须克服市场疲软现象，大力提高企业经济效益。

现实经济中出现的市场疲软主要是结构性的疲软。结构性的市场疲软反映于：

1. 一些产品供不应求，另一些产品积压、滞销；

2. 有些产品在某些地区供不应求，而在另一些地区积压、滞销；

3. 有些产品在某一质量档次上供不应求，而在另一质量档次上积压、滞销；

4. 有些产品的某些花色品种供不应求，而另一些花色品种却积压、滞销。

从总体上考察，市场疲软仍然掩盖不了社会总供给不足的事实，不能认为我国已经出现了总供给过剩的状况。

结构性市场疲软的危害性不可低估。这些危害性是：

1. 市场疲软必然引起经济的低增长率和企业亏损面的扩大，减少财政收入，加剧财政的困难；

2. 市场疲软必然引起企业开工不足或造成一部分企业停产、关闭，这些都将加剧社会就业问题，造成社会治安状况的恶化，或加重财政负担；

3. 企业亏损以及企业停产或开工不足，将影响职工收入，并增大职工家庭的抚养系数，还有可能使职工改变收入预期（如认为收入前景不佳，至少收入增长无把握），修改购买意图，从而进一步加剧市场疲软现象；

4. 由企业产品滞销引起的企业相互拖欠，使企业处境困难，流动资金严重不足，从而导致企业经济效益继续下降。

为此，从政府到经济界，都在为走出市场疲软的困境，促使市场由疲软转入繁荣寻找对策。应当承认，政府部门所采取的一系列旨在克服市场疲软现象的措施，如降低银行利率、扩大商业部门收购、向流通环节投入启动资金等，虽能收到某种效果，然而，总的说来，它们所起的作用仍是有限的。不能对这些措施的作用估计过高。其中一个重要原因是：市场疲软主要是结构性的。而上述这些对策主要是针对需求总量而制定的，用于调节需求总量的措施不可能在解决市场结构性疲软方面取得显著成效。

下面分别论述一下上述几项措施的效应。

二、若干治理市场疲软的对策的分析

（一）降低银行利率

银行利率下降在减轻企业负担和缓和企业面临的困难方面是有一定作用的。但利率升降对于居民消费的影响具有不对称性。这就是说，在市场商品紧俏时，提高存款利率可以把一部分居民收入转为储蓄；而在市场疲软时，虽然降低利率，但居民不一定会把已经存入银行的收入取出来购买商品。加之，居民一旦把货币存入银行作为养老保障金、子女教育费、疾病或紧急需要的备用金之后，就会有一个预期的收益额。利率降低后，储蓄存款的实际收益额减少了。这样，为了弥补实际收益额与预期收益额的差距，一部分居民还有可能再增加储蓄。可见，除非银行利率大幅度下降（而这是十分危险的），否则，降低银行利率（微调）解决市场疲软的作用不可能很大。

那么，能不能通过降低银行利率，增加银行给企业的贷款，帮助企业清理“三角债”，从而迂回地达到治理市场疲软的目标呢？看来，这也难以收效。甚至可以认为，企业之间已形成的债务链的解开不是采取某个局部性的措施就能收效的。降低银行利率，增加给企业贷款，通常被认为是“注水入泵”之类的措施。“注水入泵”是指这样一种做法，即在生产资料闲置，经济处于停滞状态，需求不足的情况下，增加给企业的贷款，使停滞的经济启动，从而能够达到较充分地利用生产资料，维持经济的稳定和增长的目的。然而在企业相互拖欠货款时，这类做法并不能解决市场疲软问题，至多只是相当于给债务链条上的各个环节注一些润滑油而已。何况，银行为解开企业之间的债务链而投放的贷款，并不能保证不被企业挪作他用，结果贷款发放很多，债务链还是存在，企业依旧资金周转不灵。再说，如果银行不能结合产业结构调整的轻重缓急来分配贷款金额，那么即使企业利用所得到的贷款还债，但由于产业结构依然失调，结果是旧债刚清，新债又来，三角债照常困扰着企业。

（二）扩大商业部门收购

扩大商业部门收购对于解决工厂眼前的困难当然有些好处，但商业部门只是中间环节，而不是最终消费者。如果商品真的有销路，商业部门自己会设法多进货，用不着政府下命令给商业部门。

商业部门扩大收购是需要银行提供资金的。姑且不论银行是否有那样多的资金来帮助商业部门收购各种积压、滞销的产品。即使银行可以大量贷款给商业部门，如果商品依然销路不旺，商业部门收购后，无非是把工厂库存变为商业库存。何况，商业企业的库存太多，利息负担重，也会亏本，同样使国家受到损失。因此，扩大商业部门收购，如果从增加国家商业部门对某些商品的必要的储备额方面来看，当然能起到一定作用，但如果指望由此就能克服市场疲软，则并不是真正有效的对策。

（三）投入启动资金

从原则上说，这种做法的确是有根据的，因为资金投入以后，就能逐渐带动经济的正常运转。问题是，资金投入到哪些环节，哪些领域，才能收到较好的成效？怎样才能使资金的投入不至于引起新一轮的通货膨胀？在我们看来，以下两种看法都不正确：

第一种看法是，资金应当大量投入基本建设，以基本建设规模的扩大来带动经济运转。我们对这种看法感到疑虑。当然，基本建设需要投资，否则经济增长将缺乏后劲。但要知道，在目前的投资体制和企业经营机制下，在地方和企业都缺乏利益约束机制的条件下，尤其是在某些关键性的生产资料（如动力、能源等）仍然紧张的情况下，基本建设的大量投资不仅有可能造成重复建设，盲目建设，而且也会造成基建投资由于“瓶颈”约束而迟迟不能形成生产能力或生产能力达不到设计要求，从而产生资源浪费等现象。如果出现这种情况，尽管从表面上看，经济增长了，但却又会带来新一轮的通货膨胀。所以资金投入基本建设的数额只能适度，而不能指靠扩大基建规模来解决市场疲软问题。

那么，能不能实现如下的意图，即一方面把大量资金投入基本建设以启动市场，另一方面运用银行利率的杠杆来制约企业，迫使企业提高投资的经济效益呢？看来，这也是不现实的。要知道，从经济体制上看，由于企业至今依旧没有摆脱行政机构附属物的地位和企业缺乏自我约束的机制，因此利率杠杆对投资的约束力不大，企业在基本建设中并不受利率杠杆的制约，结果依然有可能造成基本建设投资失控和基本建设投资效益低下的情况。

第二种看法是，资金投入的重点应当是流通环节。不错，投入流通环节的资金可以解决一部分问题，但不可能从根本上解决问题。前面在分析三角债和商业部门收购问题时已经说明了这些。正如我们已指出的，市场疲软是现象，深层次的原因不在流通领域，而在生产领域。只要产品结构不协调和产业结构不协调，只要生产出来的产品不为消费者所需要，那么把再多的资金投入流通环节，还是有可能继续造成产品的积压、库存的增加。我们认为，解决这个问题应以资金投入生产领域为主，投入流通领域为辅。如果反其道而行之，不仅难以克服市场疲软，反而会造成资金浪费，使资金更为紧张。

三、启动资金投入科技开发领域的作用

当前，启动资金究竟应当主要投入哪个领域？我们认为，应当主要投入科技开发领域，尤其是与调整产品结构、产业结构、发展新兴

产业部门密切有关的科技开发领域。把加速科技开发，发展新产品，提高产品质量，降低生产成本同解决市场疲软问题结合起来。这是一个既增加有效需求，又增加有效供给，从而能够使经济走出市场疲软困境的途径。可以从以下五个方面对此进行分析：

1. 当前的市场疲软在一定程度上与商品质量低下，式样陈旧，花色品种单调有关。广大消费者并不是由于家庭消费品存量已经饱和而不愿购买消费品，他们之所以不愿购买，部分原因是商品本身在质量和花色品种上不符合要求。于是他们被迫推迟购买，甚至转换消费支出的投向。这也是一种“持币待购”或“存款待购”现象，据中国消费者协会反映，1990 年第一季度共受理消费者投诉近 58000 件，其中质量问题就占 2/3 以上。如果把启动资金投入生产领域中的科技开发，鼓励企业提高产品质量，推出新产品，改革现有产品，这样就可以打开销路，增加销售量，并满足消费者的需要。

2. 对外贸易是解决市场结构性疲软的途径之一。这是因为，假定国内既有短缺商品，又有滞销、积压的商品，二者又无法替代使用，那么，通过出口和进口，有助于缓和市场的结构性疲软。而且，从国际市场的状况来考察，扩大我国在国际市场中的份额的潜力相当大。1989 年，我国出口仅占世界出口贸易总额的 1.7%，甚至低于香港（2.4%）和台湾（2.1%）等地区。但问题在于，国内库存较多的、积压的商品怎样才能开拓国外市场，增加对外的销售量呢？这里，除了有汇率因素的作用外，不可否认，加速和依靠科技开发将是扩大出口额的重要因素。当前，限制我国商品出口增长的重要因素之一就是：高精尖、深加工的产品很少，而且产品质量不高，品种单一。因此，投入科技开发的资金应当主要用于开发高技术、深加工的出口产品，用于提高现有产品质量和推出出口商品的新品种。如果科技开发工作取得成效，出口商品档次提高了，质量改进了，外销量可以扩大，国内的市场疲软状况也可以得到缓和，同时还能增加外汇收入，进一步改善国际收支。

3. 在强调产品质量的重要性的同时，我们也决不能忽视价格因素在商品销售中的作用。考虑到我国城乡居民的现实收入水平，应当承认，不少消费品价格偏高也是市场销路不旺的一个重要原因。某些消费品的价格之所以居高不下，则又与生产资料价格偏高有关。因此，把资金投入生产领域，用于科技开发，必将有助于降低物耗，降低生产成本，从而商品销售价格就有可能下降。这对于增加商品销售和提高企业经济效益都是有利的。

4. 科技开发事业同国民经济其他部门之间有多方面的投入产出联系。比如说，科技开发需要有一定的设备，而设备的制造又可带动一系列部门的生产。因此，加速科技开发，必将通过各种投入产出联系而带动经济的发展。

5. 经济增长过程同时也是新旧部门比例变动的过程，也就是产业结构调整过程。如果通过科学技术的重大突破而使得新产业部门有较大的发展，使得新能源、新材料、新工艺在经济中发挥重要的作用，那么不仅可以摆脱目前市场疲软的困境，而且会使我们的经济走上新的台阶，呈现新的局面。

从以上五个方面可以清楚地了解加速科技开发的意义。同时还应当说明一点，这就是：增加科技开发的资金投入是可以避免新一轮通货膨胀的。

近年来我国技术改造与进步的实践充分说明，必须充分利用现有基础，坚持走内涵挖潜的技术进步道路。增加对现有企业的技术投资，可以用较少的资金投入，收到增加产值、增加利税、提高产品质量、增加花色品种和扩大销售的效果，而且投入产出周期较短。因此，把资金主要投入生产领域内的科技进步，走技术改造、技术创新的道路，不仅有助于提高劳动生产率、降低成本、增加企业经济效益、增加有效供给，从而使资金投入成为有效的资金投入，而且由于这种资金投入所带动的经济发展是同新产品的提供、新市场的开拓联系在一起的，在经济发展过程中，这将促进货币的回笼，不会因资金投入量的增加而发生新一轮的通货膨胀。换言之，通过科技开发而带动的经济发展，将是一条可以避免通货膨胀的经济发展途径。

第二节　把科技开发与解决市场疲软问题结合起来

一、重视投入科技的资金的使用

明确了加速科技开发与解决市场疲软问题之间的关系，接下来要研究的将是以下两个问题：一是如何保证投入科技开发的资金不被挪作他用；二是如何提高投入科技开发的资金的经济效益，以便尽可能有效地解决市场疲软问题。

要防止投入科技开发的资金被挪作他用，固然需要有制度上的保证和一系列监督、检查的措施，但同样重要的是，要设法使投入科技开发的资金所能获取的利润大于挪作他用所可能带来的好处。为此，既要规定对于科技开发投资挪作他用的处罚（高税负、高利率、罚款、甚至没收由此所得的收益），又要规定科技开发投资的各种优惠（如减免税收，利率优惠等）。

关于科技投资的经济效益，的确是一个十分值得重视的问题。要知道，我国的科技投资总量是有限的，即使能增加科技投资，但限于国力，也不会增加得太多。因此，必须合理使用科技投资，提高科技投资的经济效益。那么，究竟怎样提高科技投资的经济效益呢？从微观经济的角度来看，一是靠充分发挥科技人员的作用，调动他们的积极性，提高他们的科学技术水平；二是靠新技术、新设备，并保证有足够的生产资料供应，以利于研究工作的开展；三是靠加强管理，即合理组织每个单位的人力和物力，使之有效结合，提高效率，但更重要的是从宏观经济的角度来提高科技投资的经济效益。在这方面，一是宏观决策的正确；二是推进科技体制的改革。如果宏观决策错了，或出现偏差，科技投入再多，经济效益也不可能提高。宏观决策包括的主要内容是：选择重点科技攻关的领域，确定主题，制定阶段性目标，基础性研究与应用性研究的合理结构等等。再就改革科技体制而言，应当用科技立法来促进科技体制改革，并巩固科技体制改革的成果。科技体制改革将创造出一个有利于科学技术进步的宏观环境，同时也为科技方面的宏观决策的正确性提供保证，即能够使得决策在科学化、民主化的基础上进行。

当前，要使得投入科技开发的资金能够充分发挥其应有的作用，主要应采取下列措施：

第一，增加中央财政和地方财政的科技投资，并保证科技投资得到有效的利用。为了提高这些科技投资的经济效益，建议加强这些科技投入的可行性研究，对近期和中长期的经济效益进行测算，然后有选择地重点投资。考虑到在目前财政状况之下中央财政和地方财政不可能大量增加科技投资，而只能适当增加科技投资，因此，对于来自财政的科技投资，更应当重点使用，而不应采取撒胡椒面的方式。

第二，科技投资的另一资金来源是银行贷款。从较长时期考虑，可以多渠道筹集资金，建立“中国科学技术投资银行”，专门从事科技开发的贷款工作。而在现阶段，中国人民银行和专业银行应该举办科技开发的专项贷款，扩大信贷规模；对于风险较大的项目另设风险投资项目贷款，以促进科技开发。在科技开发、风险投资项目的贷款方面，可以按不同情况实行不同程度的优惠。同时，银行系统中应增加科技方面的专门人才，或聘请兼职的科技专家，对科技贷款的使用进行评估和检查，提高科技投资的经济效益。

第三，通过企业的联合、兼并、参股，促进科研单位与生产单位的联营，组成生产和科技开发合一的企业集团。① 这种企业集团可以是松散型的、半紧密型的，如果条件成熟，也可以是紧密型的，也就

① 参看本书第五章。

是资产一体化的。但不管采取哪一种类型，只要建立了生产和科技开发合一的企业集团，投入的科技开发资金总可以得到较有效的利用。这些企业集团，一方面，由于同商品市场有密切的联系，了解市场的动向和商品的行情，从而在新产品开发和新市场开拓上有主动性、积极性；另一方面，由于它们本身有一定的科技开发能力，能够使科技研究成果较快地转化为实际生产能力，并迅速取得经济效益。因此，银行对这样一些企业集团贷款，可以使贷款发挥较大的作用。

第四，在投入科技开发领域的各种资金中，不应忽视企业自身的科技投资的重要性。企业是科技开发、技术改造和进步的投资主体之一。但企业要成为这样的投资主体，必须有自我积累、自我发展的能力。企业经济效益越高，企业的自我积累、自我发展能力越大。关键是调动企业自身科技投资的积极性和建立促使企业自身不断增加科技投资的机制。从数量上规定企业应以销售额的一定比例投入科技研究与开发，当然要比不规定这样的比例好一些，但如果没有相应的机制来保证，或者企业对此不感兴趣，缺乏积极性，那么这样的比例仍然无法付诸实施。因此，这个问题唯有通过深化企业改革才能解决。比如说，在完善企业承包责任制时，不仅应当规定技术改造和更新的指标并认真考核，而且要使得企业在由于自身科技投资而创造的利润中获得较大的比例，使得企业感到增加自身科技投资是有实惠的。而对于高技术企业，则更应当加强扶持和引导，鼓励它们不断增加自身的科技投资，并使它们能得到更大的实惠。此外，还应注意到，如果企业经济效益为既定，那么企业税费负担越轻，企业就越有能力增加发展基金，用于科技开发、技术改造和进步。为此，必须切实解决企业税费负担过重的问题，特别要切实制止来自各个方面的对企业的乱摊派、乱收费、乱罚款、乱集资，使企业增加自我积累、自我发展的能力。

第五，扶植民办科技企业的发展。民办科技企业是指由科技人员按照自筹资金、自主经营、自负盈亏的原则成立的，从事科技开发、技工贸、技农贸一体化经营的企业。从资金结构方面看，绝大多数民办科技企业是公有制的；从人员结构方面看，科技人员大约占到从业人员的一半左右。它们目前已成为扩散科技成果，加速科技成果商品化，推动技术进步的一支生力军。民办科技企业的主要优势在于它具有适合于经济与科技发展的企业运行机制，它面对市场，反应灵活，按照市场的信息进行投入与产出；它在分配方面打破了大锅饭，采取与效益挂钩的分配方式，从而使效率不断提高；它既能自我约束，又能自我积累与发展。因此，民办科技企业是有广阔前途的。在发展外向型经济方面，民办科技企业也大有潜力，它能利用自己在科技上的优势，为国家提供更多的外汇收入，缩小我国与世界先进科技水平的差距。

第六，提高折旧率。折旧基金用于重置固定资产。在技术进步条件下，固定资产的重置就应有技术进步的成分。但在我国，长期以来实行的是低折旧率。1983 年以后，折旧率虽然略有提高，但目前国营企业平均折旧率依然只是稍高于 5%，仍是相当低的折旧率。折旧率低，形成“吃老本”的状况，使得企业固定资产被掏空，使得企业设备老化，适应不了经济发展的需要。这无论对国有资产的维护还是对企业的技术进步都是极其不利的。因此，提高折旧率已经是刻不容缓的任务。此外，还必须注意到，我国现行固定资产折旧办法是按固定资产账面原值提取折旧基金，而用现行价值去补偿固定资产。由于物价不断上涨，人民币汇率一再下调，固定资产重置价格与固定资产账面原值严重背离。按固定资产账面原值提取的折旧基金远远补偿不了实物形态的固定资产，从而也导致企业固定资产被“掏空”。这又从另一个角度说明了提高折旧率的必要性。

当然，在现阶段提高折旧率并不是没有困难的。折旧率的提高，一方面给某些企业带来困难，另一方面也会影响财政收入。但折旧率又是非提高不可的。考虑到我国经济的实际情况，我们可以采取如下的措施：

1. 普遍小幅度地提高折旧率，如在现有折旧率基础上，将企业固定资产折旧率作小幅度提高。由于这是小幅度的提高，而且是普遍性的提高，企业与财政部门虽然都会有些困难，但困难并不大，它们应从大局着想，尽量克服这些困难。

2. 对经济效益较好的企业，实行差别折旧率，即在普遍小幅度地提高折旧率的基础上，再提高一些，使之接近于10%或略高于10%。估计这些企业是有承受能力的。

3. 对高技术产业，逐步推行快速折旧法，争取实现7年左右提取完毕的折旧制度。目前可以先试点，总结经验后再推广。

此外，所有的企业都应进行固定资产的清产核资和重新估值，以便与折旧制度的改革配套。

以上措施如果能认真落实，科技开发的前景肯定是令人乐观的，对于市场疲软问题的解决也肯定有积极意义。当然，市场疲软现象的产生有许多方面的原因，加速科技开发是解决这个问题的有效途径之一，但不可能是唯一的途径。而且，就以加速科技开发这一点来说，它也不单纯是增加些财政拨款或增加些银行贷款的问题，而首先是深化经济改革的问题。只有深化经济改革，企业才有可能建立自身不断增加科技投资的机制，生产单位与科研单位共同组成的企业集团才有可能成长、壮大，财政拨款和银行信贷的科技开发投入才能产生实际的经济效益，高技术新技术的产业才能迅速发展起来，产业结构的调整和合理化才能实现，市场疲软问题也才能真正得到解决。因此，可以说，把加速科技开发与解决市场疲软问题结合起来，并非一个技术性问题，而是一个经济体制方面的问题，即前面所指出的深化经济改革的问题。

二、持续的市场繁荣有赖于科技开发投资的不断增加

在讨论科技开发的意义时，虽然我们注意到科技开发在解决当前的市场疲软方面的作用，但不应当局限于当前的市场疲软，而应当着

眼于长期的市场繁荣。从长期看，一个国家的市场繁荣要依靠最终需求的不断增长，只要最终需求始终保持旺盛，那么市场的繁荣就是有保证的，持续的经济发展也就得以实现。

为了科技开发事业的发展，必须首先承认社会主义社会中的科技成果是商品，承认提供科技成果的单位是商品生产者，承认提供科技成果的单位同使用科技成果的单位之间的关系是交易双方的关系。这对于加速经济与技术发展是非常重要的。然而，从企业的现状来看，同科技成果商品化的要求还有相当大的距离。这主要反映于：一方面，企业仍然不是有活力的科技成果提供者，它们的科技研究，开发力量有限，它们提供不出较多的科技成果。即使它们可以提供一定的科技成果，但也不会经营，不善于推销这些成果，不善于由此取得较多的收益，从而也就难以激发不断开发新科技成果的积极性；另一方面，企业仍然不是有活力的科技成果购买者，它们存在着在科技开发上依赖上级行政机构的思想，它们由于缺乏购买科技成果所必需的资金，所以没有力量购买科技成果，此外，它们对于技术市场的状况也是不熟悉的，不善于利用技术市场来实现技术进步。上述这些既不利于企业自身，也不利于技术市场的完善与发展。怎样才能改变这些状况呢？企业怎样才能成为有活力的科技成果提供者和科技成果购买者呢？主要应从以下两方面着手：

第一，深化企业改革，使企业成为真正的投资主体和利益主体，这样，他们就会感到科技成果商品化同自身利益的紧密联系，就会关心科技成果的提供，关心对科技成果的购买和使用。

第二，完善技术市场，沟通信息，使技术市场的交易双方有较多的选择机会，以及降低交易成本，减少科技交易的风险，使科技成果的价格趋于合理。

再就我国的经济状况而言，我们需要研究的是，可以带动经济持续发展并保证长期的市场繁荣的主要因素是什么。归根到底，经济持续发展和长期市场繁荣有赖于人均收入水平的不断提高。人均收入水平提高了，不仅总的购买力将增大，而且家庭消费结构会变化，这必将导致市场繁荣。但是，如果产业结构不协调，供求在结构上不相称，那么即使人均收入水平提高了，最终需求却不一定相应地增长，经济的持续发展和长期市场繁荣将因产业结构的不协调和供求在结构上的不相称而受阻。可见，为了保证最终需求的增长，人均收入水平的提高和产业结构的调整必须并重。

除了经济体制方面的原因外，要提高人均收入水平，必须提高劳动生产率，而要调整产业结构，也必须发展新兴产业和对原有产业进行技术改造，这都是与增加科技开发投资并提高科技开发投资的经济效益分不开的。在这里，可以用以下三方面统计资料来说明增加科技开发投资和提高科技开发投资的经济效益的必要性。

一是企业技术开发同国外的比较。据 1988 年统计，我国大中型企业从事技术开发活动的人员占职工总数的 2.8％，而日本占 6.7％；我国大中型企业技术开发费用占销售收入的比例为 1.56％，其中，用于研究与开发的费用还不到技术开发费的一半，即连销售收入的 0.8％都不到，而发达国家的大中型企业对科技的资金投入达到销售收入的 5％到 10％。

二是科研与发展经费同国外的比较。据统计，在韩国，1981～1985 年科研与发展经费增加了 4 倍，占国民生产总值的比重由 0.3％上升到 1.8％。而日本和法国的科研与发展经费占国民生产总值的比重在 1985 年分别达到 2.8％和 2.3％。甚至在印度，1983～1987 年间科研与发展经费也增长了 2.3 倍，占国民生产总值的比重由 0.78％上升到 1.1％。但我国的科研与发展经费占国民生产总值的比重在八十年代末仍不足 1％。

三是我国的企业经济效益近年来一直是下降的。销售利税率可以作为衡量企业经济效益的指标之一。据统计，1978 年的销售利税率为 26.7％，1988 年降低到 19.5％，而 1990 年上半年又下降为不足 14％。

上述这些资料可以说明，在不断增加科技开发投资的同时还必须努力提高企业经济效益，让投入的资金发挥更大的作用。但在增加科技开发投资和提高投资经济效益这两者之中，究竟哪一项更具有迫切性呢？我们认为，这个问题是不能笼统地回答的。不从一定时期的实际情况出发，抽象地断言增加科技开发投资更重要或认为提高投资经济效益更重要，并没有意义。我们应当把考察这一问题的立足点移到现实生活中科研与发展费用占国民生产总值的比重上来。这就是说，假定目前我国投入科技开发的资金已经较多，比如说，科研与发展费用占国民生产总值的比重已经上升到1.5%左右了，那么这大体上可以同我们的人均国民收入水平相称，于是我们可以说，当前最迫切的问题是让投入的资金发挥更大的作用，让投资经济效益进一步提高。但是，如果我国的科研与发展费用占国民生产总值的比重至今仍不足1%，那么在这种情况下，提高投资的经济效益固然是重要的（我们可以说，这在任何时期都是重要的），然而，当前更为迫切的，则是增加科技开发投资。科技资金投入为数太少，无论怎样提高投入资金的经济效益，对全国范围内的劳动生产率提高和产业结构调整都是作用不大的。

劳动生产率的提高有赖于多方面因素的作用。其中一个重要因素就是新技术、新设备、新原材料的采用，而这些都与增加科技开发投资有关。如果缺少购买国内外新技术、新设备、新原材料的经费，而同时又缺少研制新技术、新设备、新原材料的经费与人才，那么劳动生产率的提高必然遇到障碍。即以与提高劳动生产率密切有关的工人技术培训而言，也是需要追加投资的。可见，在提高劳动生产率方面，不把增加科技开发投资放在更迫切需要解决的位置上，是不符合当前我国科技开发投资数额偏低这一实际情况的。

再以调整产业结构来说，这也同样有赖于多方面因素的作用。其中一个重要因素就是大力发展新兴产业。这依然是一个需要增加科技开发投资的问题。新兴产业如何才能在我国起步，成长，壮大，不外两条途径。一是国内研制，技术创新、推广；二是从国外引进，国内消化吸收、推广。无论前者或后者，没有足够的资金投入都难以奏效。假定现阶段科研与发展经费在国民生产总值中所占比重偏小，缺乏通过科技开发而发展新兴产业的资金，产业结构的调整也会受到阻碍。这就充分说明，不仅为了解决眼前的市场疲软，而且为了保证今后持续的市场繁荣，在科技开发投资数额偏少和科研与发展费用占国民生产总值的比重偏低的条件下，我国都有必要不断增加科技开发投资。

总之，在当前的国际政治经济形势下，摆在我国经济界和科技界面前的一个共同任务是如何加快我国经济和科技的发展，尽力缩短同经济发达国家的差距，使我国的工业逐步成为质量效益型、科技进步型、资源节约型的工业，实现到本世纪末使我国国民生产总值再翻一番，使人民生活达到小康水平的战略目标。

三、增加科技投资，建立适合我国国情的技术结构

在讨论增加科技投入和促进市场繁荣时，有必要再作进一步分析，即探讨如何建立适合我国国情的技术结构问题。

我们知道，技术结构必须适合国情，不能孤立地认为究竟哪种技术是我国经济中的薄弱环节。假定脱离能源结构的分析，脱离就业状况、国民教育状况的分析，而只是孤立地考察经济中某种技术是不是薄弱环节，那是得不出正确的答案的。比如说，现实经济中最先进的技术所占的比重较小。但单凭这一点，并不能判断技术结构调整中的薄弱环节是否在于最先进的技术的缺乏，也得不出是否应当把加速发展最先进技术列为技术结构调整中的当务之急。换言之，唯有同能源结构、就业状况、国民教育状况相适应的各个不同层次的技术在经济中所占的比例，才能被看成是协调的技术结构的标志。然而，能源结构，就业状况、国民教育状况等等，又同整个经济结构有关。所以归根到底，技术结构协调的主要标志就是现有的技术结构是否适应于经济中主要产品的供求关系的衔接，是否适应于人力资源的供求现状与近期变动趋势。比如说，一方面，应考虑到我国就业问题的严重性、

长期性，在许多企业中目前还不适宜于采用完全自动化的技术；另一方面，就业问题主要应在劳动生产率水平提高的基础上，靠新增加工作岗位数来解决，而不能主要依靠在劳动生产率不变条件下，甚至在劳动生产率降低条件下，在原有工作岗位基础上增加就业者的方式来解决。假定单纯为了增加就业人数而发展较落后的技术，那么这至多只是特定条件下的一种权宜之计，而并非技术发展的方向或技术结构调整的方向。

在发展技术时，要根据我国的现实情况和社会经济发展的趋向，确定一定时期内的产业结构；然后根据每一产业的特点确定不同层次的技术所占的比重，这样就能在产业结构合理化的基础上形成一定时期内合理的技术结构。技术选择不当，必然影响生产能力的形成和扩大，不利于技术结构的调整及其合理化进程。在技术结构合理化的过程中，不仅要看到我国同世界先进水平之间的现实的差距，还要考虑到未来的技术进步的趋势。新的技术革命对我们说来既是挑战，也是超越传统发展过程的机会。因此，在科技开发工作中，有必要把发展电子工业，增加电子产品的产量和质量放在重要位置。用电子技术来改造传统产业是一项战略性的技术措施。如果我们能在较短的时间内实现行业技术和电子技术的结合，那就必定会对今后的经济发展起到不可估量的作用。

但另一方面，如果我们只从弥补差距的角度来考虑，则将欲速而不达。我们必须进行技术选择，利用机会，利用现代科技成果来改造工艺、材料、装备，提高一般技术水平，缩短在这些方面与国外的技术上的差距，在此基础上，再为以后的技术创新作好准备。如果技术选择不当，那么即使少数几项先进技术上去了，也会由于整个技术基础薄弱，由于生产和市场脱节，而改变不了技术结构落后的局面。

技术结构调整的内容，无非是重新组合生产要素，增加生产要素组合的有效性。如果是在完全竞争的市场条件下，由于所形成的是自由价格，因此技术结构调整过程本身也是生产要素自由流动的过程，生产要素自由流动的结果将导致生产要素的最优组合。然而在实际生活中，完全竞争的市场是不存在的，于是出现了这样一个问题：假定在技术结构调整过程中不可能实现生产要素的自由流动，从而不可能实现生产要素的最优组合，那该怎么办？技术结构调整中的次优选择正是在这样的前提下出现的。次优选择的中心思想是：假定缺少完全竞争的市场条件，不可能实现生产要素的最优组合，那就不妨退而求其次，即不去寻找生产要素最优组合的位置，而循着不完全竞争的市场条件下的技术结构调整的途径，争取实现具有现实意义的生产要素的较优组合。例如，由于实际情况所限，某种原料目前不能完全按自由价格销售，而需要采取自由价格与限制性价格并存的做法，那么，如果某一个地区采取按自由价格销售的方式，而在其他地区则两种价格并存，其结果会造成全国范围内该种原料的流通状况的扭曲，对全国说来将是效率的损失。这就是说，在全国范围内，该种原料的市场完善化或价格的单一化也应当大体上保持同步。又如，技术分为不同层次，每一个层次的技术总是同一定的市场条件相联系的。不同水平的技术之间相互比例关系的变化，也必然会影响市场环境。假定在技术结构调整过程中一定要使一个部门、一个地区的技术结构达到最优，那么就必须为此排除一切限制条件。但这样一来，不仅会以牺牲其他部门、其他地区的技术结构调整作为代价，而且为此付出的代价也许会超过勉强使某一部门、某一地区的技术结构的最优而得到的好处，所以总的说来，效率可能是净损失。在这种情况下，只有不必使每一个部门、地区的技术结构都达到最优，才有可能在技术结构调整过程中使全国的效率有较大的增加。这也是一种切实可行的次优选择。

总之，我们必须从我国的实际情况出发，在增加科技资金投入时，把一定量科技投资用于调整技术结构，促使技术结构合理化，建立适合我国国情的技术结构。

第七章　农村工业化：结构转换中的选择

迄今为止，世界上许多国家的经济发展历程表明，现代化的实质就是实现由传统农业社会向现代工业社会的转变，由农业国变成工业国。因此，一个国家在走向现代化的进程中，首先必须实行工业化。但是，在不同的国家，推进工业化可以有不同的道路；一个国家在不同的历史条件下也会表现出选择的差异。十年来我国农村工业化的兴起与发展，使我国走上了独特的工业化道路，促成国民经济呈现出崭新的局面。分析与研究其发展的历史进程和趋向、生成的特定条件、发展中的特殊课题以及可能选择的对策，无疑具有十分重要的意义。

第一节　工业化进程的新变化

如果将我国的工业化放到四十年的历史进程中进行考察，不难发现，它经历了阶段性的变化。由于阶段性目标不同，衡量标准不同，也就自然会有道路与方式的不同选择。只有对阶段性变化进行纵向比较，了解我国农村工业化兴起与发展的背景，才有可能深刻认识其兴起与发展的必然性和意义。

一、与农村分离的工业化进程

我国在五十年代开始的工业化进程中，基本上是套用了苏联的模式。它所采用的衡量指标是单一的，一般认为工业总产值在工农业总产值中的比重占 70%以上就算是基本实现了工业化。根据这一衡量指标，我国工业化的最初目标是以城市为基本依托，建立一个完整的工业化体系。在二十多年以至更长的时间里，我国工业以相当高的速度增长。如果单就工农业总产值的构成而言，到七十年代，我国的工业化程度已超过了一般发展中国家，工农业总产值构成中，工业总产值所占比重已达 70%以上。

然而，在上述时间里，基本上是依靠城市来发展工业，我国农民实际上没有直接参与工业化的进程。一方面，城市工业所能提供的职位非常有限，据统计，从 1952～1978 年间共增加 3,723 万个职位，而同期社会劳动力却增加了 19,127 万个，大部分新增劳动力不得不安置在农村，并且主要从事种植业；另一方面，由于采取了城乡分隔的社会体制，特别是推行十分严格的户口政策，限制人口的自由迁移，使得农村人口不可能大量地流向城市。

我国工业化的进程是在农业生产率很低的条件下发动的，可以说，工业化程度的提高是用牺牲农业来实现的，或者说，采用了农业向工业增长支付费用的方式。在这段时间里，国家通过工农业产品的不等价交换和税收等形式，为工业化提供了大量的资金积累。如果按照一个工业劳动力相当于两个农业劳动力的标准折算，工农业产品价格背离情况是：农产品价格低于价值在 1957 年为 38.8%，在 1965 年为 45.6%，在 1971 年为 40.6%，在 1978 年为 35.6%（农民因此少收入的金额分别为 137.9 亿元、257.4 亿元、252.2 亿元、308.4 亿元）；工业品价格高于价值在 1957 年为 53.9%，在 1965 年为 43.7%，在 1971 年为 36.7%，在 1978 年为 19.7%（农民因此多支出的金额分别为 82.6 亿元、100.8 亿元、132.2 亿元和 133.4 亿元）。农业通过“剪刀差”形式为国家提供的积累额在 1957 年为 220.5 亿元，在 1965 年为 358.2 亿元。在 1978 年为 441.8 亿元，分别占当年财政收入的 71%、75.7%、51.6%和 39.4%。①

① 根据农业部政策法规司《关于我国农业的基础地位问题》一文。载农业部编：《农村经济文稿》，1989 年，第 9 期，第 4 页。

可见，农业为工业化进程提供了相当数量的资金积累。

不仅如此，由于把工业化的战略重点放在发展重工业，相对地忽视劳动密集型的轻工业，产业结构比较单一，集中程度很高，从而就需要农业提供更多的资金积累。这是因为，建立和发展重工业需要较多的资金积累，资金周转慢，回收期长，要靠重工业自身来提供建立和发展重工业所需的资金是不可能的，那么，在以农业支付工业增长方式的作用下，在高速度地建立和发展重工业方针的指引下，农业的负担必然更为沉重。

这种以农业支付工业增长方式使得农民的负担过重。结果是，农业生产率的增长极为缓慢，甚至出现负增长。据世界银行估算，1957～1977年间中国农业劳动生产率约下降12%。[①] 在1978年，农村平均每一劳动力创造的社会产值只及城镇劳动力的八分之一，从事非工业经济活动的劳动力的人均产值仅及城镇工业劳动力人均产值的二十四分之一。农业的增长速度极其缓慢，从而使农业人口的收入十分低下。再加上政策的限制，在农村，不可能出现大规模发展包括工业在内的非农业的势头。我国农村不仅被排斥在工业化进程之外，而且城市与农村的差距相对扩大。如果说这种工业化的方式在工业增长方面是成功的话，那么在带动农村经济的变革和国民经济的整体改造方面却是失败的。

可以断言，从建国初期开始的我国工业化进程，虽然推行了近三十年，发展速度亦不慢，却一直处于建立工业基础的阶段。或者说，虽然建立了比较完整的工业体系，为实现工业化奠定了一定的基础，但工业部门只是处于建立阶段，尚未进入扩张阶段，远未实现工业化。其根本原因就在于我国农村与工业化的进程基本分离，而且农业还担负着向工业化作贡献的义务。

当然，我们也应当注意到，在七十年代末以前，从某种程度上说，

① 世界银行：《中国社会主义经济的发展，主报告》中国财政经济出版社，1982年3月，第134页。

我国已经开始在农村中兴建农村工业。早在1958年，在所谓“全民大办工业”方针的指引下，农村在集体化基础上兴办了一批社办工业企业。但由于盲目启动和体制的缺陷，社办工业的发展很快便陷入困境，而且迅速回落。六十年代内，社办工业基本上处于停滞状态。进入七十年代，实现农业机械化成为我国农业发展的一个目标，与此相适应，社办工业再度兴起，但其所占国民经济总体活动水平的比重并不明显，发展目标又不明确，因此只能看作是为未来我国农村工业化的形成和迅猛发展做出了必要的准备。

二、农村工业化目标的确定

我国工业化进程的新变化发生于七十年代末。这一新变化的发生条件是以家庭联产承包制为主要内容的农村改革的推行。联产承包制实行后，保证以农业支付工业增长方式的基本手段之一——统购统销体制被打破了，加之，农产品收购价格的较大幅度上升，使农民释放了长期受到压抑的生产积极性，农产品产量迅速上升。农业生产率的提高导致农村中出现了大量的剩余劳动力。与此同时，我国农村改革后的农民不仅获得了对土地的使用权，而且从这种对土地的使用权中取得了相对自由的就业选择权，从而创造出脱离土地进入非农产业的条件。在比较利益机制的驱动下，农民自然开始面向收益较高的非农产业。农村剩余劳动力向非农产业的转移就成为必然的趋势，而在城乡经济和社会体制依然分割的情况下，兴办乡镇企业就成了农民进入非农产业的主要的甚至是唯一的选择。乡镇企业的崛起，标志着我国农民开始了直接步入工业化的进程。

我国农民通过进入乡镇企业直接参与工业化进程的势头之迅猛是空前的。到1988年，已有9500多万农村劳动力进入了乡镇企业，比1978年农村非农就业人数增长了3.4倍，相当于城镇全民所有制单位四十年来吸纳的就业人数的总和。乡镇企业职工已占到全部农村劳动力的近1/4，从而成为国内最重要的新增劳动力的吸纳器。

乡镇企业就其诞生的原因来说，首先是要解决就业的矛盾。但它决不仅仅限于起到为农村剩余劳动力开辟出路的作用，它的崛起还形成了我国工业化全面发展的新局面，有力地促进着工业的增长。在乡镇企业中，乡镇工业是它的主体。1988 年乡镇工业产值占乡镇企业全部产值的 69.7%，在 1980～1988 年间，我国乡镇工业产值从 509.14 亿元增长到 4529.38 亿元，增长了 7.9 倍，年平均增长达 31.4%，而同期全国工业总产值仅增长 2.14 倍。在这期间全国工业增长额，乡镇工业的贡献占 35.9%，乡镇工业占全国工业产值的份额也由 1980 年的 9.76%上升到了 1988 年的 27.6%。由此可见，乡镇企业的发展已成为农村工业化的主导方面和基本途径，而农村工业化又成为我国工业化的一个关键部位。

当我国农村剩余劳动力在利益机制的驱动下大规模地转向乡镇企业的同时，国家也逐步确立了农村工业化的目标，改变了七十年代末期以前单一依托城市推进工业化的方针，并且提供种种优惠政策来扶持乡镇企业的发展。从某种意义上说，是采用了工业利润返还的方式，促成乡镇企业以超常的速度增长。反过来，随着乡镇企业就业人数和产量的巨大增长，乡镇企业的工资额、资产额、利润和上交税收都获得迅速增长，从而对国民经济发展产生着现实的影响。从 1978 年到 1988 年的十年中，乡镇企业向国家缴纳税金的增长速度远高于同期国家财政收入的增长速度，所占份额虽然在 1988 年只占到国家财政收入的 12.8%，但已构成农村地区税收的主要部分。而且由于乡镇企业作为农村货币收入的来源变得日益重要，农村居民来自乡镇企业就业的收入成为他们收入增长的重要组成部分。

然而，乡镇企业的崛起和发展的意义还不仅仅在于它是推动国民经济增长的重要源泉与促进农村经济繁荣的重要手段，更重要的是，它所导致的农村工业化造成了国民经济结构的重大变革，为我国工业化进程带来新的生机，使之发生了历史性的变化，并且必将对我国的现代化产生深远的影响。

第二节 三元经济结构的形成

在我国农村工业化发展的过程中，形成了农村工业部门，从而使国民经济结构呈现崭新的局面。推进工业化的实质在于使国民经济结构发生变革，最终实现现代化。因此，从某种意义上说，对工业化进程的分析也就是对结构转换过程的分析。

一、我国二元经济结构的特殊性

发展中国家普遍存在着二元经济结构，即城市的现代工业部门与农村的传统农业部门并存。换句话说，发展中国家的国民经济是由两种性质不同的结构或部门组成：一个是只能维持最低生活水平、以传统方法进行生产的农业部门，这里存在着极低的生产率与大量剩余劳动力；另一个是以现代化方式进行生产的城市工业部门，该部门中的劳动生产率远比农业部门要高。这无疑是一种相对落后的国民经济结构。推进工业化就是要使二元结构发生变化，使两部分经济的差别缩小。

我国在推行农村工业化之前，二元经济结构是国民经济结构的基本特征。从前述农业部门与工业部门的明显区别可以看出，国民经济是处于典型的二元经济状态中。但是，我国的二元经济结构还有其自身的特点。如果对一般的二元经济结构进行横向解剖的话，可以发现，其中包括三个重要方面，第一是产值构成，第二是就业状况，第三是居住方式。我国二元经济结构的特殊性就在于：农村劳动力和农村人口的数量巨大，从而使得在工农业产值构成较为迅速地变动过程中，就业状况的变化严重滞后，农村居民居住方式的变迁则基本停滞。

与发达国家相比，二元经济结构的一个特征表现为，农业份额显著偏大，而非农产业的份额显著偏小。我国在五十年代初推进工业化之时正是呈现这样的特征。据统计，1952 年我国工农业总值构成状况是：农业总产值占 56.9%，工业总产值占 43.1%，在就业结构中，农业劳动力占社会劳动者的比重为 83.5%，工业占 7.4%，劳务占 9.1%，合计为 100%。应当承认，农业产值份额下降或工业产值份额上升是衡量国民经济结构变动程度的一个重要的尺度。在七十年代末期以前的近三十年里，随着以城市为依托的工业化的高速推进，我国的产值结构是发生了明显变化的，按现行价格计算，农业份额已降低，工业份额则上升很多。到 1978 年，农业总产值占社会总产值的比重为 20.4%，工业总产值所占比重为 61.9%。就工农业总产值的构成来看，农业总产值占 24.8%，工业总产值占 75.2%。即使按世界银行研究报告的统计，取 1977～1979 年的平均数，农业所占比重为 37%，工业则占到了 50%。①

那么，是否可以说我国的二元经济结构已经发生了整体性的变动呢？答案是否定的。这是因为，在二元经济结构转换过程中，劳动就业结构的改变和居民居住方式的变迁有着决定性的意义。而在七十年代末以前，我国农业产值份额的下降一直是在农业劳动力份额基本不变的条件下发生的。在 1952～1978 年长达 26 年的时间里，我国农业劳动力份额保持了惊人的稳定，农业劳动力占总人口之比由 31.7%降为 31.5%；农业劳动力占社会劳动力之比由 88.0%降为 76.1%，年平均也只下降了 0.56%。如果从农业人口份额变动情况看，则更具有超正常的稳定性。据统计，1949 年我国城镇人口在总人口中占的比例是 10.6%，农村人口占 89.4%，到 1978 年，城镇人口所占总人口数为 17.9%，农村人口仍多达总人口数的 82.1%。在工业总产值所占工农业总产值比重由 1949 年的 30%上升到 1977 年的 75.2%的过程中，城镇人口占总人口比重的增长却不到 8 个百分点。由此可见，上述时间里，虽然农业产值份额的下降比较确定，但并未引起国民经济结构的

① 资料来源：世界银行《中国：社会主义经济的发展，主报告》中国财政经济出版社，1982 年 3 月，第 87 页。

整体变动。

二元经济结构的核心问题是剩余劳动力的转移，或者说，剩余劳动力的减少是由二元结构中两部分经济差别缩小的基本标志。但由于七十年代末期以前我国工业化的战略重点是放在发展资金密集程度较高的重工业，这样，相对于其他工业而言，能够吸收的农业剩余劳动力就少得多。在工业化进程中，虽然也有一些农村劳动力转移到工业或其他产业部门，但数量甚微，而且由于农业人口增长迅速，农村劳动力总数非但没有减少，反而增多。正因为我国的人口众多，耕地有限，与其他具有二元经济结构的发展中国家相比较，我国农村中存在大量剩余劳动力的问题更为严重。我国的人均耕地数量大大少于世界平均值。在1952至1977年的25年中，我国农村人口增加了55.6%，而耕地面积减少了1.3亿亩。全国农业人口对耕地的人均占有量从3.29亩减少到1.85亩。这就使得我国农业中的剩余劳动力基本上是以潜在形式存在的，处于隐蔽性失业或半失业状态，且数量巨大。一般估计，剩余劳动力约占农村劳动力的1/3，高估可能达到一半。这样，在七十年代末期，约有一亿以上的农村剩余劳动力。这种典型的劳动力供给的无限性也从客观上造成了转换二元结构的困难，而大量剩余劳动力的存在又决定了农业的劳动边际生产率极低，甚至为零。可以说，这是我国二元经济结构的特殊性。

当然，我国的二元经济结构优于最不发达经济，因为毕竟已经建立起了现代工业部门。但是，随着我国城市工业的高速增长，二元经济结构在某种意义上说是被强化了，经济上已形成了彼此孤立的两极。一极是剩余劳动力不断增加、劳动生产率不断降低的农业，另一极是在高积累率支持下不断膨胀的工业。如果照此发展下去，工业产值份额也可能继续上升，但其结果只能使二元经济结构愈加强化，从而延缓二元结构中两部分经济差别缩小的进程。

二、结构转换的选择

经验表明，以城市为依托，以争取最大产出为目标来推进工业化，是不可能实现我国二元经济结构的整体改造的。那么是否可以一举打破城乡分隔的体制，建立两个系统在劳动力转移和居住方式变迁方面的紧密联系，从而直接缩小二元结构中两部分经济的差别呢？

根据阿瑟·刘易斯的理论，在城市中的现代化工业部门中，劳动生产率远远高于农业部门的劳动生产率，从而工业工资水平远远高于农业工资水平，这就促使剩余劳动力由农业部门向工业部门流动，农业中的剩余劳动力将逐渐转移到城市工业部门，直至完全被后者吸收，到一定阶段再逐步提高农业劳动生产率，同工业的劳动生产率相接近。刘易斯的这种由二元结构直接向一元结构转换的理论称为“两部门经济发展理论”，它被认为大致符合某些工业国家的历史经验。

然而，这一理论对于许多不发达国家的工业化，则未必适用。由于农村人口大量涌入城市，导致了“城市病”的发生，加之少数行业的现代化引起了一部分产业部门的工资上涨，导致国内劳动力收入的差别愈益扩大，这一现象在拉丁美洲的一些国家表现得尤为明显。因为事实并不是像“两部门经济发展理论”描绘的那样，城市现代工业的容纳力和吸引力要比预想的小得多，特别是在现代化进程中资本集约化程度提高等原因，城市现代工业的就业增长率必然大大低于生产力增长率。而且，城市也不仅仅存在着现代工业部门，同时还并存着城市传统部门（城市传统部门包括零售商业，小型建筑业，体力劳动性的服务业等等）。城市传统部门的收入水平之低相似于农村的最低生存费用，但由于毕竟没有土地条件的制约，也还是有大量的农村人口进入这种城市传统部门。这种人口向城市传统部门的集中，形成了巨大的城市贫困社会，二元经济结构固然因此得到了某种程度的改变，但并非向良性循环的方向发展，从一定意义上说，甚至是恶化了。

如果我国走上上述道路的话，后果将更加严重。经过强化的二元结构使得城市工业的吸纳力更小，甚至不足以容纳城市本身新增的劳动力。同时，由于农村的土地资源缺乏，农村人口向城市的流动，将不仅是受比较收益机制的推动，还要受到农村排挤人口机制的驱动。

其结果会使城市传统部门恶性膨胀，“城市病”的特征将更加显著。问题的关键还在于，这样做在客观效果上不可能将两种经济部门有机地连结起来，反而增加了使二元结构发生转换的复杂性。

当然，也可以用行政性的强制方法将剩余劳动力只是导向城市工业部门。实际上，我国在推进工业化的进程中曾不同程度地采用过这种办法。但是向工业企业中硬性安排劳动力，往往是以牺牲效益为代价的，而且随着工业增长的波动，也会产生就业增长的波动。例如五十年代末曾有过一次将农业剩余劳动力向城市工业部门的集中转移，而伴随着农业总产值的大幅度下降，工业生产也出现负增长。因此，六十年代初，又不得不将已进入城市工业部门的劳动力强制遣返农村。

据上所述，我国直接由二元结构向一元结构转换是不可能的，这也与我国二元经济结构的特殊性有着直接的关系。换句话说，不论是通过农业人口大量涌入城市、还是依靠在城市中扩张工业部门来转换二元结构，不仅是不可取的，也是不现实的。那么，只能把注意力转向农村，就地实现剩余劳动力的转移，通过弱化二元结构的强度，来打破固有的平衡，形成国民经济结构的新局面。

三、农村工业部门的成长

乡镇企业的崛起使得我国农村工业部门逐步成长。这一部门既不同于现代工业部门，又有别于传统农业部门，成为介乎于两者之间的新兴部门，从而使我国的二元经济结构发生了历史性的变革，我国国民经济呈现出了三元结构的新局面。

在一定意义上说，农村工业部门等同于乡镇企业。这是因为，乡镇企业的主体是工业企业，而且农业企业所占份额微小，又在生产流程中与工业企业有直接联系，乡镇企业在运作和经营方式上是自成体系的。因此，通过对乡镇企业的分析，完全可以得出农村工业部门成长的基本依据。

从国民经济发展的全局考察，乡镇企业经过十年的高速增长，已使得农村工业部门在总体国民经济中占有相当重要的地位。乡镇企业已成为社会总产值增长的重要推动力量。在1980～1988年间，全国乡镇企业总产值从656.90亿元增长到6495.66亿元，增长了8.89倍，每年平均递增33.2%，而同期全国社会总产值则从8535亿元增长到21021.7亿元，增长了1.46倍，平均每年递增11.8%。显然，乡镇企业总产值的增长速度是远远高于社会总产值增长速度的。在这期间，全国社会总产值增量中乡镇企业的贡献占31.3%。随着乡镇企业在社会总产值中占得份额愈来愈大，已从1980年的7.7%增加到1988年的26%，从而成为不可替代的经济部门。

乡镇企业的发展作为在农村推进工业化的结果，它改造了农村的产业结构，也改变了就业结构，并且呈现出与农业经济异质的特征。这些都表明，它不仅是我国农村经济结构的变革性力量，而且已使农村工业从农业的母体中分离出来，成为一个相对独立的经济部门。

在我国，农村经济仍然是国民经济的基本成分，乡镇企业的兴起则打破了我国农村生产结构一直保持以农业为主的传统格局。1978年，在农村社会总产值中，农业产值的比重高达70%，在农业部门中又向种植业倾斜，所占份额为76.7%。随着农村工业部门的发展，1988年农业产值的份额已在农村社会总产值中下降到46.5%，降低了23个百分点，平均每年降低2.3个百分点，非农产值由1978年31.5%上升到1988年的53.3%。尤其应当指出的是，1987年农村经济中非农业产值第一次超出了农业，这显然标志着农村产业结构发生了质的变化，农村工业部门已经形成。

农村工业部门的发展在极大地改变了农村生产结构的同时，又使劳动力就业结构产生了重大变化，从本质上改变了国民经济运转流程。在工业化进程中，问题的关键在于劳动力要素按比较利益转移的机制流向工业部门，使得工业部门劳动力份额上升。如前所述，由于我国过去采用在城乡分隔体制下以城市为依托发展工业的方式，农村剩余劳动力向工业部门转移的通道基本被堵死。农村工业部门的发展，则打通了农村剩余劳动力向工业转移的通道。农业就业份额的下降明显加大。据统计，农业劳动力占全国社会劳动力的比重由 1978 年的 71.4%下降到 1988 年的 57.9%，下降了 13.5 个百分点，平均每年下降 1.35 个百分点，下降速度是 1952～1979 年平均下降速度的 2.65 倍，在这十年间，乡镇企业职工占农村劳动力的比重又由 9.2%提高到了 23.82%，提高了 14.3 个百分点，这说明我国农业产值和农业劳动力份额下降的趋势正在从异常状态转向正常状态。无疑，这主要由于乡镇企业的发展。

乡镇企业是一个脱离出农业经济的自成系统的经济部门，只要将农村工业与农业的劳动生产率进行比较，便可以看出两者之间明显的差距。如表 1 所示：

表 1　农业与农村工业的劳动生产率

单位：元/人

项目＼年份	1980	1985	1987
农业劳动力创造的产值	869.6	1138.2	1486.0
农村工业劳动力创造的产值	2800.7	5863.7	10207.0

（根据国家统计局《中国农村统计年鉴 1988》资料计算）

从表 1 可以看出，每个农村工业劳动力创造的产值是农业劳动力创造产值的四倍以上（1985 年）或六倍以上（1987 年）。

由于农村工业部门是在农村工业化的过程中产生的，它从农业部门分离出来以后便加入到国家经济的各个非农产业之中，进入了我国工业经济运行的流程。因此，在我国现行的统计方法中，乡镇企业的产值是列人工业总产值之中的。

然而，由于乡镇企业是在农村就地生长起来的，这一农村工业部门虽然不同于农业部门，但从总体上说也尚未进入现代工业的行列。它与城市工业部门有着明显的区别。

首先，从劳动生产率水平看，乡镇企业与城市工业企业有较大的

差距。(见表 2)

表 2　乡镇企业与城市工业企业的劳动生产率

单位：元/人

项目＼年份	1980	1985	1987	1988
乡镇企业全员劳动生产率	2231.9	3944.0		7351.9
城市工业企业全员劳动生产率	12081	15080	26889	

说明：1. 本表根据农业部乡镇企业司《全国乡镇企业统计摘要》1990 年第 4 页和《中国统计摘要》1989 年第 48 页资料计算。

2. 城市工业企业是指全民所有制独立核算工业企业。

从表 2 可以看出，虽然乡镇企业劳动生产率提高较快，但以 1988 年乡镇企业全员劳动生产率与 1987 年城市工业企业相比较，还不及其一半。如果从纵向比较只相当于城市工业企业七十年代中期的水平。

其次，从装备情况看，1987 年城市工业企业人均固定资产原值约 1.88 万元，是 1988 年乡镇企业的 5 倍。目前乡镇企业人均固定资产规模只相当于城市工业企业五十年代中期的水平。乡镇企业的装备基本上是城市工业提供的，一般来说，城市工业是在采用了较为先进的设备条件下，将其淘汰下来转让给乡镇企业。当然也有一些城市工业用自己生产的设备装备乡镇工业，这一般是在城乡工业企业联营的情况下发生的。从总体水平上说，乡镇企业的物质装备水平明显低于城市工业。

第三，从建立的方式看，乡镇企业基本上采用以劳动来替代资本的方式。据测算，在城市工业部门，每增加一个劳动力，重工业需要投资 20000 元，轻工业也需投资 6250 元，而在乡镇企业，每安排一个劳动力就业，约需投资 1500 元，就平均数而言，只相当于城市工业部门的 15%左右。差距如此之大，说明乡镇企业劳动密集程度很高。当然，也正是由于这一原因，乡镇企业的发展扭转了劳动力转移滞后的趋势。

第四，从技术水平看，如果将工业发展划分为现代技术，中间技术和传统技术三个层次的话，城市工业一般处于这种梯形技术层次的上中端，即以现代化技术和中间技术为主，乡镇企业一般处于梯形技术层次的中下端，即以中间技术和传统技术为主。当然，其中并不排除少数城市企业滞留或下滑到这种层次的中下端，也不排除少数乡镇企业跨越到这种层次的上中端。但总体上说，劳动密集程度高的乡镇企业适应了乡镇工业劳动力技术素质较差的基本特征。

农村工业部门与城市工业部门还有一个更重要的差别在于，它的就业人口基本上仍属于农村人口。就经济结构的转换来说，居民居住方式的变迁与就业结构的转换几乎是有着同等的意义。从 1977 年到 1987 年，由于农村工业部门的发展推动劳动力转移的加速，农业就业比重下降了 16～17 个百分点，致使农业就业的比重已降到 60％以下。然而，我国农村人口的下降速度却相当缓慢，严格地说，现在我国农村人口（包括城市辖区内的农村人口）仍在 80％左右。

当然，也应该看到，乡镇企业在我国的迅猛发展，促进了小城镇的蓬勃兴起。由于第二、第三次产业有共同使用能源、交通、信息和市场及其他公共设施的客观需要，以及实行专业化协作的客观要求，乡镇企业自然地向原有的和近年来形成的以农村贸易为主的集镇集中，而这种集中又促进了集镇基础设施和社会服务事业的发展。据统计，从 1980 年到 1987 年，我国的建制镇总数由 2600 个增加到 10200 多，七年间增加了近三倍，建制镇人口也由 0.58 亿人增加到 2.43 亿人，增加了 3.2 倍。建制镇人口占全国人口的比重，已由 5.9％上升为 22.4％。此外，农村还有未建制的乡级集镇 5.8 万个，也是农村小城镇的组成部分。这就使得农村工业部门的就业人口呼吸到了现代生活方式的气息。但是集中在建制镇的人口还不是严格意义上的城市人口，因为其中的绝大部分还只是兼营农业的兼业户，仍然是实行粮食自给。实际上，农村工业部门的就业人口中完全脱离土地的在 1988 年只有 4893.94 万人，占其在一般意义上的吸纳的劳动人口的一半左右。这就使得我国的劳动力就业结构和人口结构呈现较为复杂的局面。

据上所述，通过将农村工业部门同农业部门和城市工业部门进行比较后，不难发现，农村工业部门既具有推行工业化的特征，又不具备现代工业发展的条件，因此可以把农村工业部门看成是具有近代工业性质的部门。这样，我国国民经济的总体结构就呈现三种系统并存的局面，即：农业系统、近代工业系统和现代工业系统。

由二元结构转换为三元结构并不意味着距离国民经济结构一元化的道路更漫长了，这恰恰是使向一元结构的转换在中国的条件下成为可能与现实，加快了结构转换的进程。由于作为第三种结构的农村工业部门是以转换结构的形式出现的，它的中间性质使其成为传统产业与现代产业之间的桥梁。我国农村工业部门的形成，首先是改造了我国农村经济的产值构成，其次是扭转了就业状况的变化严重滞后于工业产值份额上升的趋势，再次是为我国农村现代化提供了客观需求和可能性。这无疑在很大程度上弱化了我国国民经济二元结构的刚性。

已有的经验表明，基于主要依靠在农村就地转移劳动力、推动农村城市化的给定条件，农民要大规模地直接参与工业化进程，只能通过进入农村工业部门来实现。因此，三元结构的形成是我国国民经济结构转换的唯一选择。

第三节　三元经济结构的相互关系

我国农村工业部门是在农业部门和城市工业部门的夹缝中生长起来的，它与农业、城市工业之间的相互联系决定着其自身的演进过程和发展方向，关系到国民经济结构的转换。因此，以农村工业部门为基点对三元结构的相互关系进行深入分析，有助于认识我国新的工业化进程中的各种问题。

一、农村工业部门与农业部门的关系

毫无疑问，我国的农村工业部门是在农业发展的基础上形成的，

因此，首先应当注意农村工业部门与农业部门的关系。

因农业劳动生产率提高而出现的剩余劳动力和剩余产品，是农业中的劳动力向工业流动的先决条件。我国由于受土地资源短缺的制约，即使在农业劳动生产率很低的情况下也存在着大量的隐蔽性的剩余劳动力。要使我国工业发展，不仅需要农业提供必不可少的农产品，而且需要将隐蔽的剩余劳动力表面化。

我国农村工业部门的成长正是以农业劳动生产率大幅度提高为前提的。自1978年农村改革以后，农业增长迅速。1979～1988年，农业产值平均增长6.2％，超过了前三十年农业年平均增长速度三个百分点以上，全国粮食总产量增长了31.0％，粮食供给量改变了过去严重紧缺的状况。特别是1978年至1984年，农业年均增长速度高达11.7％。农业的增长有力地支持了农村工业部门的形成与发展。

正是由于农业的较快增长，使得大量农村剩余劳动力进入农村工业部门成为可能。统计表明，乡镇企业吸收农业劳动力的程度与农业增长是密切相关的。如1984年以前乡镇企业每年只吸收140多万人，而由于1984年农产品产量空前增长，使得1984年和1985年乡镇企业吸收劳动力年均增长近2000万人。但1985年农业增长出现停滞状况以后，乡镇企业吸收劳动力的增长势头也逐渐开始减弱：1986年和1987年年际增长量逐年下降。见表3。

表3　1978～1987年乡镇企业对农业劳动力的吸收

单位：万人

项目＼年份	1978～1983	1984	1985	1986	1987
乡镇企业劳动力	2570	4924.2	6726.7	7696.3	8561
年际间增量	141.5	1998.8	1802.5	971.7	864.7

（根据农牧渔业部乡镇企业局《全国乡镇企业统计摘要》1988年第7页资料计算。）

从历史上看，我国农业增长速度也是与工业增长速度、就业结构转换速度呈正相关关系的。见表4。

表 4　1952～1987 年农业总产值、工业产值与非农劳动力的增长速度度

项目＼年份	1952～1957	1958～1962	1963～1965	1966～1976	1978～1985	1985～1987	1952～1987
农业总产值增长速度％	4.5	－6.0	10.8	2.4	7.7	4.5	3.8
工业产值增长速度％	18.0	－5.3	22.9	8.6	11.2	14.6	11.5
非农劳动力增长速度％	5.2	－3.8	7.6	5.8	8.7	6.0	6.5

说明：1. 本表根据 1988 年《中国统计年鉴》第 38 页、153 页资料计算。

2. 非农劳动力包括全民所有制职工、城镇集体职工、个体劳动者和农村非农劳动力。

从表 4 看出，农业的增长与否对工业及其劳动力的增长起着重要的推动或制约作用。然而，我国农业部门与农村工业部门的作用并不是单方向的，而是双方向的，后者也反过来直接促进了农业的进一步增长。

这种情况与已经工业化国家所走过的历程有较大的不同。一般来说，已经工业化国家农业部门与工业部门的关系经历了三个阶段。在初始阶段的基本特征是：工业化的推进以农业积累为主，农业与工业的关系是农业支援工业，工业受到政策的保护。中级阶段的基本特征是：农业不再为工业提供资本积累，农业的积累用于农业自身的发展，工业的进一步发展则依靠工业自身的积累，两大产业的联系基本上通过产品交换来实现。高级阶段的基本特征是：农业受到政策的保护，工业的资金流入农业，支持农业发展。

在我国，如果按照已经工业化国家的工业发展规律，初始阶段农业为工业积累资金，那么很可能长期停留于初始阶段，难以向中级阶段过渡。但由于我们实行了独特的工业化道路，并且由于农村工业部门与农业存在千丝万缕的联系，因此在工业化的初始阶段，农村工业的资金就有可能流入农业。例如，从 1978～1988 年的十年间，乡镇企业用于以工补农、以工建农的资金即达 162.8 亿元，相当于同期乡镇企业实现利润的 6％以上，成为支持农业发展的重要因素。

乡镇企业的发展还增加了农民的收入。1978～1988 年十年累计，乡镇企业发放职工工资和利润用于农民分配的资金共为 3828 亿元，占同期农民收入净增量 25%。十年间农民人均收入由 133.57 元上升到 545 元，扣除物价上涨因素后增长了二倍，年均增长 11.8%。而在农民人均收入增量中，乡镇企业贡献额占 33.7%，即三分之一以上。农村改革以后，农户已成为农业生产的投资主体，他们把从乡镇企业中获得的收入一部分通过投资形式转化为农业投入，还有一部分存入信用社或农业银行，以农业贷款方式流入农业，从而增加了农业资金的供给量。

乡镇企业中还有一部分是直接为农业生产服务的。以 1988 年为例，乡镇企业生产氮肥 6.98 万吨，磷肥 217.32 万吨，钾肥 1.46 万吨，各种农具 7.1 亿件等。在整个国家农用工业发展迟缓的情况下，乡镇企业中这些产品的生产增加了有效供给。

乡镇企业还通过支援农村（集镇）建设来促进农业的现代化，间接地支持农业的增长。仍以 1988 年为例，乡镇企业利润用于农村小集镇建设 5 亿元，用于教育事业 13.2 亿元，用于集体福利事业 26.4 亿元。这些资金的投入，对于提高农民素质、改变传统观念、变革生活方式有着十分重要的作用。这种环境改变的直接效果，就是使农产品越来越多地卷入市场交换。农业生产的发展将在越来越大的程度上不是为了农民家庭自身的消费，而是为了市场交换，这无疑有助于改变传统农业的自给自足结构，推动农业生产的专业化，扩大科学技术因素在农业增长中的比重，从而大大提高劳动生产率。与此同时，由于乡镇企业与外界的联系与交往迅速增加，必然在更大程度上带动交通运输业、商业服务业的发展，这也会使农业生产越来越超出狭小地域的限制，扩大农业与非农产业之间的交换，促进农业生产的商品化。

但是，由于我国农村工业是从农业母体中脱胎而出的，农村工业也有可能吸引农业的养分。

从资金方面看，乡镇企业与农业使用相同的银行系统和其他资金来源，利用资金的竞争是不可避免的。据统计，1986 年和 1987 年两年，乡镇企业贷款额大幅度增加，从而使得农业贷款减少。农民对生产决策也有改变，在农业与农村工业间作出投资决策的选择时，农民更多地把投入转向后者，从而减少对农业生产特别是粮食生产的投入，这不能不说是几年间农业生产徘徊不前的一个重要原因。

从劳动力方面看，由于我国农业长期以来采用传统的操作方式，因此，土地生产率的提高在相当程度上通过劳动密集投入、精耕细作来取得，它要求有相对高体质的劳动力。而农业劳力向农村工业部门转移时，首先转出的是劳动素质较好的劳动力。这是因为，农村工业部门对劳动力素质的需求高于传统农业部门，而农村中的青壮劳动力在观念中又更易受非农产业的吸引，这样就在某种意义上造成了“人力资本”的流失，使得农业部门存在剩余与“不足”并生的情况。一种严重的现象是，一些农民家庭在发展农村工业中，只要产品的原料和市场有保证，便把全部有劳动能力的人口投入其中，对土地进行粗放耕作或任其荒芜。

从土地方面看，由于是就地办企业，乡镇企业的发展占用了农用耕地。全国乡镇企业在吸纳九千多万农业劳动力的同时，也占去耕地 1 亿亩。按估算，现在每转移 1 个劳力需带走 1 亩多耕地。而且因为在乡镇企业生产活动中土地的获利率远远高于农业的获利率，在比较发达的地区，乡镇企业正不惜占用着大量的优质农田，结果导致农村耕地面积逐年下降，使得本来已十分紧张的农用土地资源更趋紧张。此外，由于农村工业部门技术、规模等方面的原因，还使环境污染在农村扩展，对土地及其农作物产生危害。

如果要就农村工业部门对农业的消极影响的严重程度做出准确评价是十分困难的。但是从总体上看，它对农业部门的正效应是大于负效应的。它成功地实现了农业剩余劳动力的转移，而这应该被看成是衡量利弊程度的主要尺度。当然，农村工业无节制地发展下去，必然要在很大程度上导致农业增长的停滞，甚至出现萎缩，从而使整个国民经济的发展失去基础的支撑。这也是需要注意的。

二、农村工业部门与城市工业部门的关系

农村工业基本上是复制城市工业，两个系统在产业结构上存在着高度的同构性。由于乡镇企业的行业发展相当分散，因此覆盖了和整个工业部门范围相同的工业行业。在国家确定的四十个行业中，除了石油和天然气开采业外，农村工业部门都进入了。虽然参与程度不高，而且在一些行业所占份额特别微小，但毕竟占有一席之地。（见表 5，本书第 178～182 页）

正因为我国的经济长期以来属于短缺经济，乡镇企业的发展在一定意义上弥补了城市产业结构和产品结构方面的某些不足，增加了有效供给。

从消费品供给方面看，乡镇企业的产品已成为消费品市场的一个不可或缺的重要来源。由于日用消费品的生产多属劳动密集型产业，乡镇企业中轻工业占有较大比重。1988 年乡镇企业中轻工业的份额是 53％，高于同期全国工业中轻工业的份额。1980～1988 年的十年间，全国轻工业品市场供给能力增加的份额中，乡镇企业的贡献占 32％。1988 年全国主要消费品产量中，乡镇企业提供的电风扇的供给量占全国的 45.5％，丝制品占 68.7％，呢绒占 52.1％。

从生产资料供给看，乡镇企业的发展在增加市场的生产资料供给方面已成为一个方面的重要支柱。例如，1988 年乡镇企业的煤炭产量占全国总产量的 34.1％，水泥占 27.8％，机制纸及纸板占 39.2％。在 1978～1988 年的十年间，全国原煤净增 3.29 亿吨，其中乡镇企业净增 2.24 亿吨，占 67％，水泥全国净增 13813 万吨，乡镇企业占 38.7％。机制纸及纸板净增 664 万吨，乡镇企业占 58.7％。

乡镇企业不仅是工业品市场的供给者，其本身也是消费者。据统计，1987 年仅乡村两级企业净增固定资产总值达 280 亿元，是 1980 年的 3.8 倍，而其所消耗的国营工业产品就占到 70％。据测算，每年

乡镇企业为国营企业的产品提供了约300亿元的市场，在乡镇企业的许多产品市场上，城市工业都起着重要的作用。农村工业促进了城市工业尤其是制造业的发展。

虽然农村工业部门和城市工业部门在地理位置和部门管理上基本是分隔的，但两个部门之间仍然有着直接的联系。许多乡镇企业与城市工业企业之间存在着多种类型的合作关系。通过合资经营、签订转包合同或其他协议等手段来进行生产方面的协作。城市工业企业常常把零配件生产、装配工作等转包给乡镇企业，有时城市工业企业只是简单地利用自己的商标去经销实际上是乡镇企业的产品。或者，城市工业企业利用合作获得自身所需的原材料。有些城市工业企业甚至还把乡镇企业变成其陈旧设备的转储地。

然而，农村工业部门与城市工业部门之间的关系也有不协调的一面。

首先，两个部门之间争夺资源的矛盾十分突出。由于能源和原材料本来就是制约我国工业发展的“瓶颈”。在城市工业加工能力已经饱和的情况下，兴办超过可利用资源总量的重复加工项目，必然挤占本来应该属城市工业的部分资源。再进一步看，一方面，有些行业的乡镇企业消耗能源和原材料的程度本来就很高，另一方面，乡镇企业的经营管理水平差，资源利用率低，又造成能源和原材料的严重浪费，这就使得两个部门之间资源争夺战加剧。据统计，1988年农村工业部门消费钢材1267万吨，木材927万立方米，分别占全国工业消费总量的40.1%和39.2%，原材料投入与工业产值的比率显然低于全国工业的平均水平。当然，两个部门之间争夺资源的矛盾也并非完全是因为乡镇企业进入度过大引起的，某些城市工业行业加工能力扩展过快，以至占据了部分本应属于农村工业部门的经济空间，这也是引发矛盾的原因之一。如适宜在农村加工的农副产品加工业本应逐步转移到农村，由农村进行初级加工或某些精加工，但至今为止，这方面的城市加工能力非但未被有效地压缩，反而急剧地扩大。在某些行业，乡镇企业的适度扩张是必然的，也是合理的，但农村工业部门在没有获得应有的经济空间的情况下，就不可避免地与城市工业部门发生争夺资源的矛盾。

其次，两个部门之间争夺资金的矛盾愈益明显。农村工业部门在其迅速扩张的过程中，对银行信贷资金有着更大的依赖性。根据国家统计局 1987 年对 200 家大型乡镇企业的抽样调查所获得的统计数据看，这些企业当年投资的总额几乎呈直线上升之势，每年企业的年度投资额，不仅绝对额远远大于当年企业留利总额，而且大于企业当年的利润总额。由此可以推断，信用是乡镇企业资产形成的真正基础。1984 年以来，乡镇企业之所以超高速增长，比较宽松的资金条件具有决定性的意义。1988 年，全国农村工业部门银行贷款余额达到 650.34 亿元，比 1984 年的 163.52 亿元增长 2.98 倍，平均每年增长 41.2%，高于同期农村工业产值平均增长 35%的 6.2 个百分点。乡镇企业的高比例负债和不断负债条件下的投资饥渴，加剧了工业资金的供求矛盾。就农村工业部门信贷资金来源的走向看，目前在一些乡镇企业发达的地区，银行储蓄早已更多地来自工业收入，农业剩余的积累作用已越来越不重要。而在落后地区，虽然农村工业化的进程仍然在很大程度上依赖着农业剩余，但在农业不发达的情况下，这种积累是很有限的。这就更为直接地推动了农村工业部门与城市工业部门争夺资金。资金的争夺与资源的争夺还具有内在的联系，正是由于乡镇企业银行信贷资金超高速增长，从而为其过多地占用工业资源提供了有力的资金保证。

再次，两个部门之间争夺市场的矛盾较为激烈。由于乡镇企业生产了范围广泛的各种工业产品，并且已经进入了中国的绝大部分国内市场，就自然要与城市工业企业展开竞争，进而出现争夺市场的矛盾。乡镇企业将产品投入整个商品经济流程的状况无疑是合理的，但由于农村工业部门与城市工业部门在产品结构方面的高度同构性，就不可避免地要造成对市场的争夺。在市场结构性失衡的背景下，这种争夺愈加激烈便愈会导致市场形势的恶化。由于乡镇企业在经营体制上的灵活性，尤其是具有销售方式和价格上的自主性，使得它可以与城市工业企业争夺市场，甚至生产并销售出低质量和包含后进技术的产品。结果在一些行业发生低水平的过度销售竞争，使所能获得的经济效益十分低下，而且在改善产品技术方面难有进展。这样，不仅加剧结构性失衡的矛盾，而且对乡镇企业自身的发展甚为不利。

毫无疑问，农村工业部门对城市工业部门既有补充又有争夺，但从十年的发展过程来看，总体上是补充大于争夺。农村工业部门的发展弥补了城市工业部门在产业结构和产品供给方面的某些不足，推动了工业产品总量的增长。农村工业部门的发展还成功地进行了丰富的劳动对稀缺的资本的替代。在我国工业化进程中，资金短缺和劳动力丰富是两个基本的特征。因而，能否实现丰富的劳动力要素对稀缺的资金要素的替代，以及替代程度的大小便成了决定工业增长的关键。而农村工业部门的发展则是充分地进行了丰富的劳动要素对稀缺的资本要素的替代，这种替代提高了要素的利用率。

当然，正如不可忽视农村工业部门对农业部门的消极影响一样，它与城市工业部门相互争夺的后果仍然是严重的。在产业结构失衡的条件下，效率相对低下的乡镇企业超高速发展，加剧资金、能源和原材料的供求矛盾，推动通货膨胀，促成工业增长的波动，最终使得农村工业部门的发展受阻。

三、对三元经济结构的总体性考察

如果对三元结构进行总体性考察，不难发现，农村工业部门的发展使现代工业和传统农业之间建立了联系，有利于结构转换的变化。但由于农村工业部门正处于成长过程之中，它所引发的矛盾与体制上的冲突很容易使结构转换产生新的难度。

首先应当看到，在旧有的工业化模式中，国家直接在国民收入初次分配中获有高积累。然后集中向高有机构成的重工业方向发展，结果从产业联系的角度看存在着很大的断裂层。这是因为，农业部门的后向联系效应较低，即它对促成农产品生产的其他产业的产品的需求不高，但却可以引发相当显著的前向联系作用，即其产品能在很大程度上成为其他产业的原料。与此同时，重工业的前向联系远高于后向联系，但是，农业部门可能引发的前向联系与重工业的后向联系几乎无法衔接。而农村工业部门的前向联系和后向联系作用均较强，一方面它大力发展了以农业部门产品为原料的加工业，从而大大增强对农业部门原料产品的需求；另一方面，农村工业部门的前向联系高于后向联系，也就是说，农村工业部门比较偏重于为城市工业部门提供原料和半制成品。这就使得农村工业部门基本上可以与农业部门和城市工业部门的联系相衔接，从而在很大程度上增强了产业之间的联系。

值得注意的是，经过十年的发展变化，三元结构之间已开始出现新的偏差。一方面，由于我国的农业部门过于落后，在农村工业部门经过几年的迅猛发展以后，农业部门很快就不足以为其提供可靠的基础，而且农村工业化的高速推进也使农业部门表现出难以承受的现象。另一方面，近些年来，乡镇企业的增长速度远远高于城市工业企业的增长速度，没有形成适当的比例增长，而在乡镇企业中，发展最快的又是重加工工业。这种向重加工工业的倾斜发展，给基础工业造成更大的压力，使工业经济结构扭曲的现象更为严重。这一切，一方面促成了农业发展的停滞，另一方面推动工业发展波动的加剧。但最直接的后果还是农村工业部门自身的发展产生波动，甚至受阻。

三元结构的深层次矛盾冲突还表现在各个部门有着不同的运行机制。由于市场体系发育的滞后和计划与市场机制尚未有机结合，使得三元结构之间正常的商品化联系尚未建立。

农村改革后，农业部门的发展在很大程度上受市场机制的调节，但出于种种原因，国家对农产品的价格仍然起着决定性的作用。正因为农产品与工业产品比价不合理的状况仍然存在，而且近年来“剪刀差”缩小的速度又减缓，农业发展与工业发展之间正常的市场联系并未建立。尤其是，粮食丰收造成集市贸易价格的波动，迫使农民改变生产决策，减少粮食生产的投入。在这种条件下，农业部门和农村工业部门存在的两种不同的利益机制所造成的驱动作用，使农民把过量的资金、土地和劳动投向农村工业部门。

农村工业部门与城市工业部门在运行机制上存在着重大差别。城市工业部门基本上是由计划调节的，国家根据人民生活和生产发展的需要制定计划，然后以指令性和指导性两种方式下达到城市工业企业，企业所能掌握的自主经营权十分有限。而农村工业部门则受市场调节。乡镇企业按照市场需求生产。问题的复杂性在于：农村工业部门的优势在于企业经营方式的灵活，但由于市场体系的不完善，其竞争方式往往是不规则的，加之乡镇企业产权制度的混乱，使得其中一部分脱离商品生产者正常的运行轨道。

显然，从总的趋势看，发展过程中的矛盾冲突与体制上的弊端使得三元经济结构之间的不协调有可能加剧。

第四节　协调三元经济结构之间关系的对策选择

一、推进三元经济结构的发展

继续推进三元经济结构的发展，意味着仍然要促使农村工业部门不断扩张。三元经济结构不发展，向一元结构转换实际上无从做起。然而，确定这样的导向，仍然要遇到认识上的问题。

目前有两种较为简单的认识。一种认为，既然城市工业部门是国民经济的主体部分，就应该是我国工业化进程的主流，而农村工业部门的发展与城市工业部门争夺资源、资金和市场，造成了国民经济的波动，影响工业的发展，因此有必要在政策上进行扼制，使之为城市工业部门的发展让路。另一种认为，既然农村工业化的最终目标是要使二元结构转换为一元结构，而目前的农村工业化效益较低，而且造成对环境的污染，因此应该迅速实现乡镇企业与城市工业部门同质的变化。

以上两种认识都是要改变十年来农村工业化的目标与方式。倘若实行，或者是使得农村工业部门萎缩，不足以成为举足轻重的经济部门，或者是虽然使城市工业部门有较大的扩张，但仍与农业部门隔绝，结果是使国民经济在新的层次上呈现二元结构。

从现实的角度看，上述看法也是不可取的。结构转换必须立足于我国的基本国情，总体上看，劳动力的充裕作为一个基本事实将会长期存在。按照一般的说法，我国农村剩余劳动力现时有一亿人左右，约占劳动力整数的1/3。而且庞大的人口基础和轻型的年龄结构，使今后一二十年内将面临劳动力增长的新的高峰。据预测，农村每年要新增劳动力1000万左右，因此，到本世纪末，每年至少要转移近1000万个劳动力。但即使是在农村工业部门迅猛发展的十年间，平均每年也只能吸收500多万人，只是相当于应容纳劳动力的一半左右。而城市工业部门中目前隐蔽性失业的情况也十分严重，不论从当前还是长远看，城市工业部门显然是无力大规模容纳农村剩余劳动力的。因此只能走发展农村工业部门的道路。也就是说，在劳动力增长的势头有增无减和资金短缺长期存在的情况下，农村工业部门在本世纪内和下世纪初不会发生质的变化。

由于我国农村工业真正兴起的时间并不长，它不是一个暂时性的过渡措施，三元结构局面实际上已成为一个历史性的发展阶段，将会较长时期地存在，因此，只有继续推进农村工业部门的发展，我国工业化的实现才是可能的。

二、促进三元经济结构的协调

不可否认，结构转换的最根本问题之一在于占我国人口80%的农村居民的现代化。如果没有人口不断地较大规模地向城市转移，农村工业部门效率低下，技术落后，信息闭塞的特征就不可能根本改变。不仅如此，还会制约农村土地规模经营的形成，影响农村收益的提高，并且造成对环境的污染和资源的较大浪费。因此，既要看到农村工业部门为劳动力结构转换开辟了现实途径，也应该重视它所提供的人口结构转换的可能性。这种可能性在农村工业部门发达地区已表现得十分明显，甚至已成为现实。这就需要根据农村工业部门趋向于集中分布的产业特点，因势利导，使农村人口顺乎自然地向小城镇集中，并不失时机地进行交通运输等设施的建设，逐步发展为中小城市。与此同时，农村工业部门的扩张必然会推动城市之间、地区之间商品经济的发展，促进包括劳务市场在内的市场体系的发育，从而使已经进入农村工业部门的农村人口继续向现存的城市转移。在我国城市发展的实践中，已经出现了农村人口带资进城兴办第二、第三产业的经验。这种情况对于处在较大地域的经济中心位置上的农村人口来说尤其可能发生。当然，要促成这一状况的发生与发展，还必须逐步打破城乡分隔的社会体制，使户口政策等随之松动。

我国目前的城市系统结构呈“葫芦形”。根据 1985 年的统计，人口在 100 万人以上的大城市人口占城镇总人口的 26.4%，50 万～100 万人口的城市占 15.8%，30 万～50 万人口的城市占 7.95%，10 万～30 万人口的城市占 5.04%，10 万人口以下的城市占 0.14%，镇的人口占 44.60%。这说明，中小城市发展不够，尤其是在小城镇有了较大发展以后，这个问题更为突出。中小城市的发展无疑给农村人口的转移提供了机遇。

向城市化方向发展，还有利于农村工业部门自身产业结构的改善和扩大就业容量。从国际比较来看，在发展中国家工业化的进程中，工业与第三产业大体保持相似的就业份额才能保证工业化进程的顺利进行。严格地说，我国的农村工业化也应基本符合或相对适应这一发展规则。但目前我国乡镇企业中的工业与第三产业的份额是不成比例的。1988 年乡镇企业就业份额中，工业占 60%，而第三产业仅占

22.4%，两者相差约38个百分点，过于悬殊。但在推动城市化逐步发展的过程，必然会产生对包括交通运输业、商业、饮食业和服务业在内的第三产业较大的需求，促使第三产业就业份额和人数稳定上升，从而有利于农村工业部门向现代化的方向演进，使其在发展趋向上更符合结构转换的要求。

城市化的逐步推进及其所促成的农村工业部门自身产业结构的变化，从根本上说有利于我国农村工业化从“数量型”过渡到“质量型”。某种意义上说，这也是对十年来我国农村工业化目标的修正，使这一过程注入较多的现代化因素。但这并不等于说，农村工业部门的发展可以迅速由数量型转为质量型。过去的经验仍然不能废弃，而且要得到应有的尊重，只是需要在此基础上增加对质量增长的注重。在资金短缺的条件下，为了在同样水平的资本形成中得到更高的工业增长率，需要把更多的资金用在增加人均设备上。因此，问题的关键不在于就业结构的转换与人口结构的转换完全同步，而在于两者之间需要有一个合适的比例，呈现相同的趋势。

从推进农村人口的城市化流程来看，也应当是多层次发展的。目前乡镇企业的职工总数虽然有9500多万，但完全脱离土地的不到其中的一半。也就是说，大部分还是兼营种植的兼业户，要依靠自给自足的粮食。无疑，随着农村工业部门发展和向城市化推进，这些兼业户将会逐步放弃土地。但后继的兼业户仍会不断出现。这是因为，我国农村有着庞大数量的剩余劳动力，而从农业生产的特点看，生产时间与劳动时间又不一致，农业剩余劳动力中必然有较大一部分是季节性剩余，不可能都离乡转移。这一流程从一个方面说明，农村人口向城市转移注定是个不断演进的过程。

目前的问题在于，需要把农村工业部门看成是结构转换中的一个转换结构，充分发挥其桥梁作用，增强它对农村部门和城市工业部门的多方面联系，促进三元结构走上相互融合的良性循环的轨道。

三、协调农村工业与农业之间关系的对策

十年来，我国农村工业部门的迅猛发展，主要是基于农业发展的支撑，但农业部门的低速发展和农村工业部门的高速推进形成鲜明对照，并已成为我国农村工业化过程中的一个基本矛盾，协调两者间的发展关系愈益显得刻不容缓。

这是否意味着农村工业部门的发展已经过量了呢？不然，在我国，1988 年全部非农产业劳动力仅占乡村劳动力总数的 23.8%。这说明农村工业部门的发展还远不充分。因此，问题不在于农村工业部门是否应当继续以较大幅度发展，而在于农业生产率的提高应该与之相协调，在发展速度上应当保持适度的比例。但是，使两者在速度差距上呈现逐步缩小的趋势，主要不应依靠减缓农村工业部门的增长速度，更不能单纯限制其增长势头，而应该侧重提高农业的增长率。后者的提高也不能采用以农村工业部门反哺农业部门的方式，而应当逐步实现各自基本上依靠自身的积累获得自我发展。

当然，农村的比较利益过低，这主要表现在工农业产品比价不合理。只要“剪刀差”不消除，农村工业部门就不会停止从农业部门抽取资本。因此，必须调整工农业产品的价格，逐步实现工农业产品的基本等价交换。虽然提高农产品价格可能引发通货膨胀并使政府的财政负担加重，但毕竟可以使“剪刀差”不断缩小。与此同时，国家还应用增加对农业投入的方式来补偿农业的利益损失，为农业的增长增加动力。

由于我国区域经济发展的不平衡，各个地区农村工业化水平差异巨大的事实也是不能忽视的。不同地区所遇到的两个部门间矛盾的性质与程度也不相同。有的遇到的是农村工业化起步阶段的问题，有的遇到的则是农村工业化已经相当发达阶段上的问题。因而协调的方式不能整齐划一。对于乡镇企业刚刚起步的地区，不能排除依靠农业进行积累，对于乡镇企业发展已经具有相当雄厚基础的地区，也不应断

绝企业利润向农业的回流。

现有土地关系下农业经营的规模不经济问题迟早要解决。对那些大量占用耕地、严重污染环境、给农业生态造成破坏的乡镇企业，必须严格限制。只有农业得到长足的进展，农村工业部门与农业部门协调发展的局面才能完全形成，其结果将是对农村工业部门的扩张形成更有力的推动。

四、协调农村工业与城市工业之间关系的对策

从某种意义上说，农村工业部门和城市工业部门同属于我国工业的组成部门，因此，协调两者之间的关系，不仅要看到它们的异质性，也要注意具有同质的因素。而且从结构转换的角度看，应该是向着同质的方向发展。

就启动方式而言，农村工业部门的成长主要是依靠农业增长的推动，改革使农村所释放的能量形成了农村工业部门高速增长的势头。这一进程的出现主要不是因为城市工业部门向农村的扩散。加之，由于产业政策调整的滞后，农村工业部门和城市工业部门在产业结构上的趋同局面便自然地形成了。这种结构趋同必然妨碍两个部门的正常进展，给国民经济发展带来不利影响。

因此，必须促进两个部门的合理分工。考虑到农村工业部门的近代工业性质，为了保证资源和资金的更有效利用，应当坚持把城市工业部门作为国民经济的主体。虽然乡镇企业在全国工业总产值中所占比重将继续趋于上升，但从国民经济发展的全局和结构转换的目标看，农村工业部门在整个工业经济领域仍将长期处于第二位。这就需要在优先考虑城市工业部门发展的前提下，统筹安排两个部门之间的分工。

促进两个部门合理分工的重要措施是加强国家对资源、资金和市场的宏观调控。但在农村工业部门已经进入几乎所有的工业行业并且发展到如此程度的情况下，用行政或经济手段将乡镇企业逐出某些造成激烈竞争的行业，既是不现实的，也是不必要的。问题的关键在于

通过调控手段引导乡镇企业在这类行业的进入度。对于能够产生较高效益的城市工业部门的工业能力应该优先予以保证，对农村工业部门原则上给予与其规模相称的份额。这种根据效益原则择优分配的方式，从总体上说必然有利于城市的工业部门，也有利于两个部门按比例地适度增长。当然，农村工业部门与城市工业部门的冲突在很大程度上还是因为基础产业发展滞后造成的。因此有必要为城市工业部门造更多的条件，加速基础产业的发展，增加资源供给。

固然，从资源和资金利用范围上进行划分可以促进合理分工，但从利用层次上进行划分却更为重要，也就是说，有必要按产品的生产和加工阶段进行分工。一般来说，劳动密集型和初级加工型的产业主要应由农村工业部门来办，城市工业部门则主要从事技术密集、资本密集的产业，大力进行深加工，提高资源的附加值。城市工业部门在大力发展新兴产业的同时，也可逐步从传统产业中退出来，为农村工业部门提供经济空间，减少两者在层次上的过度竞争。还可根据市场的需求状况和相应的技术要求，在生产方面做些必要的分工。城市工业企业总体技术水平高，主要应提高产品档次，搞好进口替代，满足高档次的需要。乡镇企业则可主要生产一般性产品和大众化产品，满足人们日常生活需要。这样将会形成两个工业部门的有机联系，使它们由低层次的竞争转变为生产流程中的密切合作。

如果说，上述范围上的划分有利于促进生产要素的合理配置，从而间接带动农村工业部门经济效益的提高的话，那么，上述层次上的划分最终会使农村工业部门进入符合规则的发展阶段，有利于城市工业部门增加对农村工业部门的技术等方面辐射，从而带动农村工业部门持续地扩张，为其比较顺利地向现代化方向发展和实现结构转换创造条件。

要使城市工业部门对农村工业部门的带动呈现良性循环的势头，还有一个极为重要的问题，就是要使两个部门在运行机制上相互协调。这只能依赖于经济体制的改革。通过改革，并不是把农村工业部门纳入计划配额的轨道。乡镇企业的存在和发展仍应依靠市场调节。通过改革，更重要的是增强城市工业企业同市场的适应程度。与此同时，对农村工业部门和城市工业部门的产权体制都有必要进行改革，使财产关系规范化，摆脱企业对政府的行政依附关系。只有随着改革的深化，才能在农村工业部门和城市工业部门之间形成新的协调机制。

表 5　农村工业部门按四十个行业划分

（1989 年）

项 目	企业单位数（万个）	企业人数（万人）	工业总产值	
			金额（亿元）	比上年增长（%）
总 计	98.22	3450.86	3920.03	14.0
一、按轻重工业分				
1. 轻工业	54.72	1591.86	2106.22	15.3
以农产品为原料	37.25	904.71	1233.26	15.6
以非农产品为原料	17.53	687.15	872.96	14.8
2. 重工业	43.44	1859.00	1813.81	12.6
采掘工业	7.95	377.28	228.02	17.5
原料工业	5.45	222.18	296.51	9.7
加工工业	30.04	1259.54	1289.28	12.5
二、按工业行业分				
1. 煤炭采选业	2.23	161.78	78.27	18.8
其中：煤炭开采业	2.08	151.07	70.86	13.6
2. 石油和天然气开采业				
3. 黑色金属矿采选业	0.35	19.25	11.81	13.1
其中：铁矿采选业	0.25	13.15	8.73	9.0
4. 有色金属矿采选业	0.46	23.57	19.05	30.0
其中：铅锌矿采选业	0.06	3.61	3.19	34.6
金矿采选业	0.15	7.32	5.03	42.9

续表

项　目	企业单位数（万个）	企业人数（万人）	工业总产值	
			金额（亿元）	比上年增长（%）
5. 建材及其他非金属矿采选业	4.29	153.70	98.55	14.1
其中：采石业	2.57	78.83	47.28	1.1
耐火土石开采业	0.13	16.10	9.60	88.6
化学矿采选业	0.06	3.29	2.24	5.2
硫矿采选业	0.04	2.34	1.19	33.7
磷矿采选业	0.05	2.96	2.45	20.7
其他非金属采矿采选业	0.66	24.57	18.00	25.9
6. 采盐业	0.10	5.57	4.65	56.6
7. 其他矿采选业	0.07	2.89	1.98	3.7
8. 木材及竹材采运业	0.51	10.04	5.26	7.8
9. 自来水生产及供应业	0.23	1.93	2.36	30.4
10. 食品制造业	22.37	181.07	243.83	16.2
其中：粮食加工业	16.45	73.22	68.88	19.4
植物油加工业	2.81	27.17	42.28	25.9
乳品加工业	0.04	1.50	3.13	−18.3
水产品加工业	0.17	8.08	22.72	20.4
罐头食品制造业	0.39	18.84	26.13	18.2
制糖业	0.09	2.31	1.68	−0.6
屠宰及肉类加工业	0.16	3.73	10.93	−30.2
11. 饮料制造业	2.15	47.11	57.52	−0.5
其中：白酒制造业	0.74	9.29	10.85	7.9
黄酒制造业	0.06	1.63	2.01	−4.3
啤酒制造业	0.03	4.80	7.07	6.2
汽水制造业	0.24	7.03	8.94	12.7

续表

项 目	企业单位数（万个）	企业人数（万人）	工业总产值	
			金额（亿元）	比上年增长（%）
制茶业	0.60	12.15	13.11	4.9
12. 烟草加工业	0.01	0.20	0.22	29.4
13. 饲料工业	0.63	7.85	19.31	13.3
其中：配合及混合饲料制造业	0.32	4.50	11.75	6.4
14. 纺织业	3.07	304.91	524.45	13.3
其中：棉纺织业	0.85	97.71	170.00	15.7
棉纺业	0.17	25.20	37.86	25.3
毛纺织业	0.25	34.15	71.12	10.9
毛纺业	0.10	13.64	32.86	35.2
针织品业	0.82	62.39	83.12	13.6
15. 缝纫业	2.40	144.51	158.79	22.5
其中：服装制造业	1.71	106.55	123.19	20.7
制帽业	0.03	2.14	2.15	20.8
制鞋业	0.27	17.26	18.70	32.1
16. 皮革、皮毛及其制品业	0.97	54.53	68.56	15.8
其中：皮革制品业	0.64	36.77	44.35	11.0
17. 木材加工及竹藤、棕草制品业	2.74	52.99	53.27	17.6
18. 家具制造业	1.58	34.13	40.83	10.9
19. 造纸及纸制品业	1.77	89.72	108.24	19.6
其中：造纸业	0.87	46.53	52.45	—7.8
20. 印刷业	0.96	32.78	38.33	17.0
21. 文教体育用品制造业	0.39	29.81	27.41	12.7
其中：玩具制造业	0.12	16.15	11.30	3.7
22. 工艺美术制造业	2.40	146.51	85.41	18.6

续表

项　目	企业单位数（万个）	企业人数（万人）	工业总产值	
			金额（亿元）	比上年增长（%）
其中：雕塑工艺品制造业	0.13	6.87	4.89	－3.7
竹藤、棕草工艺品制造业	0.20	12.70	6.70	28.6
抽纱刺绣工艺品制造业	0.40	29.36	15.42	21.6
地毯制造业	0.58	32.06	15.70	20.9
陶瓷工艺品制造业	0.08	3.15	2.30	101.8
烟花炮竹制造业	0.40	29.81	13.70	4.2
23. 电力蒸气热水生产和供应业	1.66	15.47	9.98	26.8
其中：水力发电业	1.38	12.59	7.33	18.4
24. 石油加工业	0.10	3.07	7.85	14.8
25. 炼焦、煤气及煤制品业	0.41	9.53	12.99	43.5
26. 化学工业	2.51	102.82	204.38	22.1
其中：化学肥料制造业	0.23	8.93	12.66	－32.8
化学农药制造业	0.05	2.59	7.47	11.3
日用化学制造业	0.42	13.53	23.94	15.2
化妆品制造业	0.05	2.18	5.88	8.1
27. 医药工业	0.14	8.81	19.75	23.4
28. 化学纤维工业	0.06	5.07	15.39	14.7
29. 橡胶制品业	0.45	25.68	41.13	15.0
其中：日用橡胶制品业	0.08	4.84	8.39	－8.4
30. 塑料制品业	2.68	105.39	154.98	9.4
31. 建材及其他非金属矿物制品业	19.37	830.46	503.24	10.0
其中：水泥制造业	0.46	66.11	44.93	9.8
水泥预制件制造业	2.36	54.55	56.35	10.4
砖瓦制造业	11.61	530.05	233.61	10.3

续表

项 目	企业单位数（万个）	企业人数（万人）	工业总产值	
			金额（亿元）	比上年增长（%）
建筑用石加工业	0.57	15.86	13.70	28.8
轻质建筑材料制品业	0.43	14.87	15.68	24.4
日用玻璃制品业	0.13	9.53	9.56	−2.0
制镜业	0.03	1.24	1.61	66.0
建筑卫生陶瓷制造业	0.17	9.80	6.66	−4.2
32. 黑色金属冶炼及压延加工业	0.66	42.98	88.01	24.2
33. 有色金属冶炼及压延加工业	0.42	22.72	66.44	22.2
34. 金属制品业	4.60	176.27	256.25	16.6
35. 机械工业	6.35	285.11	416.13	9.3
其中：农牧渔业机械制造业	0.76	26.12	39.76	31.9
36. 交通运输设备制造业	0.74	35.13	60.28	21.3
37. 电气机械器材制造业	1.11	67.91	150.00	14.3
38. 电子通讯设备制造业	0.35	30.25	55.81	10.3
39. 仪器仪表及其他计量器具制造业	0.21	10.20	15.83	9.4
40. 其他工业	6.71	169.05	192.88	6.8

第八章　计划与市场在资源配置中的结合

以上各章，我们已从经济改革战略问题的探讨、经济改革的主线、企业改革的深化、国有资产的管理、企业集团的发展途径、科技投入、农业和农村工业化等方面探讨了我国经济走向繁荣的道路。本章准备从计划与市场之间关系的角度来进行综合性的考察。总的看法是：计划与市场是两种不同的资源配置方式；在我国社会主义有计划的商品经济中，必须兼用这两种资源配置方式，并使它们有机地结合在一起。但究竟怎样才能把计划与市场这两种不同的资源配置方式有机地结合起来，则是一个有待于经济理论界继续探索，并需要在经济工作实践中不断摸索与完善的问题。本章只是就此提出一些不成熟的看法。

我们的分析从当前我国经济的非均衡性质开始。

第一节　我国经济的非均衡性质

一、两类经济非均衡

经济的均衡（瓦尔拉均衡）是假设存在着完善的市场和灵敏的价格体系条件下所达到的均衡。如果市场完善，价格灵敏，价格随供求变化而调整，那么，需求与供给必然相等，社会中的超额需求和超额供给都不会存在。但这是一种纯理论的假设。现实经济中，市场既不完善，价格又不灵活。现实经济中存在的是非均衡，即在价格不能自行导致供求相等的条件下，各种经济力量会根据具体情况而调整到彼此相适应的位置上，并保持一定的供求缺口，也就是保持着一定的失业率或一定的通货膨胀率。

对我国经济实际状况的研究表明，我国经济目前正处于非均衡状态。

但我国经济的非均衡具有自己的特殊性。要知道，经济的均衡与否虽然以市场完善和价格灵活为前提，但一个更为基本的前提则是企业活力的存在与否。在均衡条件下，企业无疑是有活力的。完善的市场只有在具有活力的企业自主经营活动的基础之上才能形成。至于非均衡条件下的企业是不是必然具有活力呢？这就值得探讨了。可以把经济的非均衡分为两种类型。①

第一类经济非均衡是指：企业是自主经营、自负盈亏的独立商品生产者，它们有活力，但由于资源供给方面的限制、社会利益集团的干扰或其他因素的影响，市场仍然不完善，价格仍然不灵活，超额需求或超额供给依然存在。这就是说：第一类经济非均衡是指企业具有活力条件下的经济非均衡。

第二类经济非均衡是指：除了市场不完善、价格不灵活以外，企业还没有成为自主经营、自负盈亏的独立商品生产者，它们缺乏活力。换言之，第二类经济非均衡是指企业不具有活力条件下的经济非均衡。

应当认识到，现阶段的我国经济正处于上述第二类经济非均衡状态。

二、资源配置的市场方式的局限性

在第二类非均衡条件下，不仅由于资源供给的约束存在，使得短缺的商品不可能因价格的波动而随时调整供给量，而且由于企业尚未成为真正的利益主体，企业不承担投资风险和经营风险，生产经营成果同企业自身的利益没有直接的联系，因此企业不可能以效率标准来制约资源的投入方向和投入数量。而市场的不完善和价格的不灵活，

① 厉以宁：《非均衡的中国经济》，经济日报出版社，1990 年版，第二章。

也使得市场缺少纠正不合理的资源配置的力量。虽然市场会传出诸如货源紧张、市场疲软、价格波动等信号，但缺少活力的企业或者对这些信号无动于衷，或者难以按照信号的指示来调整资源投入。

企业之所以对这些信号无动于衷，是同企业依然作为行政机构的附属物，企业生产经营的成果同盈利或亏损之间有没有直接的、必然的联系有关的。一个既缺少动力和刺激，又缺少压力和责任的企业，当然谈不到如何以效率标准来促进对资源的有效利用。

企业之所以难以按照市场传出的信号来调整资源投入，也与企业依然作为行政机构的附属物有关。不仅如此，由于在第二类非均衡条件下，缺乏生产要素流动的机制，缺乏企业之间相互约束的机制，资源配置的失调难以避免；而只有具备了这些前提，资源配置才能趋向于合理。

这一切都反映了资源配置的市场方式在第二类非均衡条件下的局限性。

三、资源配置的计划方式的局限性

考虑到资源配置的市场方式的局限性，政府能否以计划方式有效地进行资源配置的调整呢？要知道，在第二类非均衡条件下，如果这时采取计划方式来配置资源，其结果，虽然有可能使资源供求的紧张状态得以缓和，但也有可能使企业的活力进一步受到限制，从而使资源配置的失调状态复杂化，使资源配置被扭曲，使某些部门继续陷于困境之中，而使另一些部门出现不正常的、畸形的发展。

上述这两种可能性是同时存在的。关键在于计划的制定是否科学以及计划是否被认真地执行。科学地制定的并被认真地执行的计划，可以使资源供求的缺口缩小，也可以使资源配置趋于合理。否则，资源配置状况是有可能继续恶化的。

现在，假定配置资源的计划是被科学地制定的，并且假定这些被科学地制定的资源配置计划被政府部门认真执行，那么在第二类非均衡条件下，资源配置的计划方式还会有什么样的局限性呢？这主要取决于企业对政府的计划调节措施是不是有应有的反应。如果企业本身并不承担因不接受政府调节而遭受的经济损失；或者，由于企业缺乏内在动力，它们不实行政府所希望它们做到的减产、转产或资源重新组合；或者，由于生产要素市场的不存在或不完善，企业的转产或实行资源重新组合缺少现实性，那么，政府的计划调节在这些场合就起不了改善资源配置状况和促进产业结构合理化的作用。这就是说，要使计划调节有效，企业必须对计划调节的信号以及计划调节可能带来的后果有灵活的反应。然而在第二类非均衡条件下，企业所缺少的正是这种灵活的反应力。

另一方面，在计划调节之下，有可能使某些企业成为受特殊照顾的对象，从而使它们处于一种比其他企业优越的地位。如果发生了这种情况，那么这些受特殊照顾的企业将成为“温室中的植物”，在市场竞争中缺乏活力，其结果将是：这些企业会安于现状，而不致力于提高资源利用效率和调整资源配合方式，于是经济的低效率运行和产业结构不合理的现状也就不会有改变的趋势。这也反映了第二类非均衡条件下资源配置的计划方式的局限性。

总之，在现阶段的我国，由于企业尚未成为独立的商品生产者，企业不能根据自身的经济利益来组合资源和投入资源，政府用以配置资源的计划方式不可能达到政府预定的调整资源使用方向和提高资源利用效率的目标。

第二节　计划工作的内容以及计划与市场之间的关系

一、计划调节与市场调节的结合

通过本章第一节的分析，可以得出下述结论：要使得我国的资源配置状况有较大改善，使得资源使用效率有较大提高，首先应当通过经济体制改革的深化，使企业及早成为自主经营、自负盈亏的商品生产者，使企业具有充分活力。这就是说，我国经济发展和经济体制改革将分为两个阶段。第一个阶段是：通过经济体制改革的深化，使我国的企业尽快摆脱行政机构附属物的地位，成为自主经营、自负盈亏的独立经济单位，从而使我国经济由第二类非均衡状态过渡到第一类非均衡状态。第二个阶段是：通过经济体制改革的进一步深化，使我国的市场趋于完善，价格趋于灵活，资源供给缺口与需求缺口趋于缩小，于是我国的经济将有可能从第一类非均衡状态接近于均衡状态。关于这些，厉以宁在《非均衡的中国经济》一书第二章和第三章中已经作了较详细的论述，这里就不再重复了。①

如上所述，在非均衡条件下，尤其是在第二类非均衡条件下，无论是资源配置的市场方式还是资源配置的计划方式，都是有局限性的。但是，这丝毫不意味着我们在资源配置方面既不要采取市场方式，又不要采取计划方式。我们实际上也做不到这一点，这是因为，不采取资源配置的计划方式，那就意味着资源配置的市场方式成为唯一起作用的方式，反之，不采取资源配置的市场方式，那就意味着资源唯一由计划方式来进行配置。但无论前者或后者，都是极其不利于资源配置的。因此，我们可以作出选择的，只可能是计划调节与市场调节的结合，并且尽可能把它们结合得更好些，以便发挥计划调节与市场调节二者的作用，缩小计划调节与市场调节各自具有的局限性。

二、计划工作的三项主要内容

计划工作有三项主要内容：规划、协调、配额。规划是指宏观经济发展规划的制定与执行。协调是指通过宏观经济调控来协调供求之间、部门之间、地区之间的经济关系。配额是指在供求不平衡时，通

① 厉以宁：《非均衡的中国经济》，经济日报出版社，1990年版。

过计划的配额（由计划分配物资、资金、人力）来应付客观存在的供求缺口。

在经济处于均衡状态时，配额是不必存在的，因为这时既没有过度供给，又没有过度需求。在均衡条件下，计划与市场的结合表现为计划的规划与协调同市场机制作用的结合。这种结合是相当自然的：市场机制调节着供求，计划的规划工作为社会经济的发展前景作出规划，而计划的协调工作则一方面根据规划的要求，另一方面根据供求之间、结构之间暂时的、局部的不适应状态来进行。当规划的要求和市场调节下的经济运行状况不适应时，或者可以对规划进行修改，或者可以通过计划的协调工作来调整供求。要知道，均衡条件下供求之间的不适应是暂时的、局部的，因此，只要计划的协调充分考虑价值规律的作用，适当地运用某些经济调节手段，暂时的、局部的供求不适应就可以消失。

然而，经济的均衡只是纯理论的假设，现实经济具有非均衡性质，即既有可能出现过度供给或过度需求，又有可能出现二者的并存。在这种情况下，除了有必要继续存在计划的规划与协调而外，计划的配额同样不可缺少。从规划、协调、配额三者统一的角度来看，计划与市场之间的关系将是这样的：

第一，规划、协调、配额三者都应当考虑价值规律的作用。就规划和协调而言，考虑价值规律的作用是比较容易做到的，困难之点在于计划的配额如何考虑价值规律的作用。这主要表现于两方面。一方面，计划的配额不是无偿分配，而是有偿分配。有偿分配中就有配售价格的制定问题。如果配售价格是在考虑价格规律的基础上，参照供求实际情况和供求价格弹性而制定的，制定时尽量缩小配售价格与价值规律的背离程度，这样肯定比主观地、随意地制定配售价格的做法对市场机制的破坏程度小得多，从而对经济有利得多。

第二，规划、协调、配额三者都意味着政府对经济生活的管理或调节，它们属于高层次调节，不同于市场对经济生活的调节，后者属于低层次调节或基础性调节。从这个意义上说，凡是低层次调节已经解决的问题或低层次调节能够解决的问题，就不需要高层次调节了。在规划、协调、配额三者之中，情况是不一样的：

（1）为社会经济制定规划，从来都是组织机构的工作，市场只是自发地起调节作用，市场不可能为社会经济制定规划。至于非政府的民间机构，虽然作为一种组织机构，也可以为社会经济拟出规划，但没有权威性和实施的保证。这样，社会经济的规划只能由政府来主持，这就是计划工作的第一项主要内容。所以说，就规划而言，高层次调节代替低层次调节起作用，是必然的。

（2）对社会经济进行协调，既可以是市场的事情，也可以是政府的事情。市场的自发调节本身就包含了对供求之间、行业与行业之间、地区与地区之间的关系的协调。如果市场所进行的协调能够解决问题，或者能够在政府的规划所要求的时间内解决问题，那就不需要再由政府来协调了。只有在市场无法实现协调或无法在政府的规划所要求的时间内实现协调的情况下，政府的协调才是必要的。如果这时进行政府的协调，那就是高层次调节对低层次调节的替代。再就协调工作本身而言，政府作为高层次调节者，在资源配置或经济调节过程中，主要是按照在经济方面设置的“警戒线”而采取措施。假定政府把供需差率定在±2.5％，这就是说，当供需差率在＋2.5％到－2.5％这个区间内，可以听任市场来进行协调，政府不采取调节措施。只有在供需差率超出±2.5％这一“警戒线”时，政府才有必要进行调节。而且，超出“警戒线”越多，政府的调节的分量就越重。同时，政府在经济方面还保留了“最后手段”，并准备在必要时加以运用。所谓经济方面的“最后手段”，是指在突破“警戒线”的幅度过大以至于经济发生剧烈动荡时，政府可以采取诸如冻结工资、冻结物价、暂停向银行提取存款等一切手段来稳定经济。这也说明了政府在经济协调中的作用。

（3）关于配额，这是指：当客观上存在着供求缺口，而且由于资源等条件的约束，以至于只有通过计划配额才能缓解这种缺口时，高层次调节就代替了低层次调节。至于计划配额如何进行，下面将会展开论述。

从以上三点可以看出：无论是规划、协调还是配额，市场与计划之间的关系都是低层次调节与高层次调节之间的关系，也就是第一次调节与第二次调节之间的关系。

第三，计划的规划、协调和配额都存在一个“度”。这个“度”是如何制定的？总的说来，这与客观的经济形势有关。比如说，假定客观的经济形势较好，经济运行状况较好，虽然有供求缺口，但缺口并不很大，资源约束程度也不很大，即经济的非均衡程度较轻，于是规划可以细一些，协调可以少一些，配额的范围也可以窄一些，反之，假定客观的经济形势较差，经济运行状况较差，供求缺口较大，资源约束程度也较大，即经济的非均衡程度较严重，于是规划就应当粗一些，协调应当多一些，配额的范围也就应当宽一些。在根据客观经济形势调整规划、协调和配额的“度”的过程中，计划与市场的关系不仅仅是前者参照后者的作用的关系，也不仅仅是前者与后者在某些场合的替代关系，而且是一种互补关系。这就是说，在一定的客观经济形势之下，计划的“度”与市场调节的“度”是互补的，非均衡程度的轻重、供求缺口的大小、经济运行状况的好坏决定着计划的“度”和市场调节的“度”。随着客观经济形势的变化，二者的“度”也就相应地调整。

只要我们全面地认识计划工作的三项主要内容以及对计划与市场之间的关系有正确的理解，那就既不会误把配额工作视为计划工作的唯一内容，又不会拘泥于“经济中的计划部分究竟以占多大比例为最佳”这一观点。

三、提高计划配额水平的必要性

当前，在计划工作中，计划配额的制定与实施是一个十分重要的问题。要知道，如果供求相等，计划配额或者不必要，或者不起作用。

计划配额只存在于供求不相等而又受到资源约束的条件下，只有这时才会出现市场调节所占份额与政府的计划配额孰大孰小以及各占多大比重的问题。因此，尽管计划配额只是计划工作的内容之一，但在非均衡条件下，与我们日常生活与生产的关系最密切的，正是这一部分的计划工作。

计划配额的具体内容是指：在供给小于需求时，计划部门如何把有限的供给分配给各个需求单位；在供给大于需求时，计划部门如何把有限的需求分配给各个供给单位。简要地说，计划配额是指计划部门对有限资源或有限市场的分配。

在我国，非均衡的经济首先或主要反映在资源的有限与资金供给的有限之上。这就是说，商品供给的缺口和资金供给的缺口是现阶段我国经济非均衡的基本表现。政府的计划配额就是针对这种情况而实行的。计划配额的方法是：

1. 按平均原则分配。这是指：在商品有限供给时，政府根据需求者所需求的数量和可供的商品数量。将有限的商品平均分配给需求者；在资金有限供给时，政府根据需求者所需求的数量和可供的资金数量，将有限的资金平均分配给需求者。

2. 按历史比例原则进行分配。这是指：在以往的资源分配或交易中已经形成了某些比例，现在就遵循历史上已经形成的或过去一贯沿用的资源分配比例来确定现阶段的有限商品的分配或有限资金的分配。

3. 按目标原则进行分配。目标原则是指政府按照政府事先制定好的目标顺序，按轻重缓急进行分配。这样，即使商品和资金供给不足，但仍可以保证被政府列为重点的需求者能够基本上满足自己的需要。

平均原则、历史比例原则、目标原则各有一定的适用范围，也各有一定的利弊。平均原则是供给不足时众多的需求者都可以接受的分配原则，特别是在居民生活必需品供给不足的场合，按平均原则实行的数量配额有着维持安定的作用。但就生产资料供给不足时的平均分配而言，这种做法将会降低资源的利用效率，从而使得本来就短缺的生产资料更难以发挥其应有的作用。

历史比例原则方面的问题主要在于既成的数量分配比例是否合理，以及这种比例是否应当根据经济状况的变化而进行较大幅度的修改。此外，历史比例原则同平均原则一样，也可能阻碍产品结构、产业结构的调整，并使得低效率的经济运行现状继续保持下来。

按照目标原则进行数量分配中的主要问题在于：目标的顺序如何制定？轻重缓急的排列是否科学？从而这种分配方式能不能促进资源利用效率提高？政府在按照目标原则实行配额时，能不能同时兼顾多个宏观经济管理目标？这些都是有争议的。比如说，在资源供给不足时，如果政府把有限的资源优先供应给某些受照顾的部门，这固然可以保证这些部门的产值不致于下降，但结果能不能兼顾就业问题或国际收支，则是不确定的。假定这些部门的劳动密集程度较低，而另一些在资源供应上未能受到照顾的部门的劳动密集程度较高，显而易见，这样一种数量配额就会使就业问题比以前尖锐。

由此看来，在当前的情况下，政府在实行计划配额时必须既要考虑到平均原则、历史比例原则、目标原则的适用性，又要考虑到它们的局限性。因此，应当根据不同的条件采用这三种分配原则。那么，究竟如何提高计划配额工作的水平呢？看来，以下五点是需要考虑的：

1. 短缺而资源约束较大的生活必需品，可以按平均分配原则进行分配，以利于维持社会的安定。但这并不意味着凡是短缺的生活必需品都要实行计划配额。如果某些生活必需品虽然目前供不应求，但资源约束较小，调整价格以后，过一段时间，供给可以增加，那就不必实行计划配额。

2. 短缺而资源约束较大的生产资料，可以按目标原则进行分配，以利于产品结构、产业结构调整和提高资源利用效率。但这并不意味着凡是短缺的生产资料都要实行计划配额。如果某些生产资料虽然目前供不应求，但资源约束较小，调整价格以后，过一段时间，供给可以增加，那就不必实行计划配额。按目标原则进行分配的，限于短缺、资源约束较大并且对国民经济有关键意义的生产资料。

3. 对于短缺、资源约束较大、但对国民经济并非具有关键意义的一般生产资料，也是需要实行计划配额的。这时，计划部门可以参照历史比例原则和目标原则进行分配。参照目标原则进行分配的好处是可以藉此调整产品结构、产业结构，以及提高资源利用效率；参照历史比例原则进行分配的好处是可以大体上保持经济增长的格局，避免经济中的起伏幅度过大。

4. 在根据目标原则进行某些生产资料的计划配额时，应当使目标顺序的排列和目标配额的制定尽可能符合实际，尽可能科学些，同时应排除来自不同渠道的对目标配额制定和执行的干扰。

5. 在参照历史比例原则进行某些生产资料的计划配额时，应当根据实际情况对这一比例进行修正，以免与实际情况有较大的差距。

四、市场疲软条件下的计划配额

如果经济处于供不应求状态，我国计划部门在配额工作中是有经验的。这时，或者按照平均分配原则，或者按照历史上既成比例的分配原则，或者按照轻重缓急顺序排列的目标分配原则，以便把有限的物资和资金分配给各个需求者。这样，尽管物资和资金供不应求，但只要计划配额得当，那么，通过计划的配额，问题可以得到比较妥善的解决。

现在，经济中出现了新情况，这就是市场疲软。虽然市场疲软是结构性的，但一部分商品的积压毕竟是不可忽视的事实。[①] 在这种情况下，传统的计划配额工作实际上起不了作用。原因是：在供不应求时，主动权掌握在计划部门手中，计划部门可以根据不同情况把短缺的东西分配下去，需求者都争着要，生怕分不着，唯恐配额太少；而在供大于求时，主动权掌握在需求者手中，他们并不急于想得到所分

① 参看本书第六章。

配的商品，甚至按计划配额分给他们的，他们也不想要。于是就出现了若干新问题。其中有：

（1）拖欠货款。需求者说：“本来我就没打算购买这些商品，现在分配下来了，只好收下，但目前付不出货款，欠账吧！要不，就把货物拉回去。”企业是相互联系的，货款拖欠的结果就是“三角债”“多角债”“债务链”。

（2）硬性搭配。既然是市场的结构性疲软，那就表明有的商品滞销，有的商品紧俏。交易中必然出现硬性搭配，而且不少搭配是同配额有关的。例如，某些紧俏商品属于配额的范围，但销售单位却提出搭配出售滞销商品的要求。需求者这时只得权衡利弊，为了得到急需的紧俏商品而不得不忍痛购进所搭配的滞销商品。结果，这些需求者的进货成本大为增加。

（3）地区封锁。地区封锁可以被看成是对市场份额的扭曲分配。在供大于求的条件下，市场是有限的，于是某些地方采取了对市场份额的扭曲分配。例如，规定本地的商业企业只准采购本地工厂的产品，限制外地商品入境，限制从外地进货。这种做法十分有害。它把全国统一的市场分割为许多个封闭的市场，妨碍商品流通。它保护了本地的技术水平低、经济效益差的企业，保护了本地的质次价高的商品，结果不但造成全国范围内的资源利用低效率，而且增加了消费者的负担。

上面所提到的硬性搭配和地区封锁都与计划工作的原则不符，必须制止。但这里却向我们的计划工作提出了两个问题：

一个问题是：怎样对待不科学的计划配额？要知道，在社会主义经济中，计划配额之所以成为必要，主要原因在于它可以提高资源利用效率，使资源配置合理，以保证在供求缺口存在而又受到资源约束的条件下经济较为正常地运行。市场调节在这种场合下固然可以通过自发的调节来分配资源，但其效率是不高的。市场自发分配资源的效率不高，反映于短缺资源不一定被用于最需要的行业和地区，以及在配额实施过程中，偶然因素要起很大作用（“谁先来谁先买”或“谁先来谁先卖”的市场分配原则在很大程度上与机遇有关，即与“碰运气”有关）。然而，当不科学的计划配额以“地区封锁”“硬性搭配”等方式出现时，资源配置的不合理性显然更大，资源利用效率也显然更低，从而造成了还不如市场自发分配的结果。不言而喻，这种政府主持下的配额是对计划工作的扭曲；与其实行这种计划配额，还不如不要这种计划配额。

另一个问题是：当前在市场疲软条件下，计划部门的宏观经济规划工作和宏观协调工作当然要继续坚持，但这时还要不要计划配额？如果要有计划配额，那么计划配额工作应当怎样进行？

根据经济中的实际情况，对于计划配额工作应当采取新的做法。我们不能简单地说在市场疲软条件下究竟要不要计划配额，而是应当说：我们需要的是什么样的计划配额？下面分三个层次来论述：

第一，由于市场疲软是结构性疲软，滞销商品与紧俏商品并存，加之，从整个国民经济来说仍然是总供给不足，所以计划配额目前还不能取消。某些短缺现象仍有赖于计划配额来缓和。

第二，单就滞销商品而言，也要按商品的性质（是生产资料还是消费品，是重要的商品还是次要的商品）和积压的数量来分别对待。消费品滞销了，计划配额可以取消；次要的生产资料滞销了，计划配额可以取消；即使是重要的生产资料，如果积压的数量已经相当大了，那么这时也可以取消计划配额。

第三，于是问题集中在重要的，并且虽有积压，但积压数量还不很多的生产资料之上。我们认为，对这些生产资料的计划配额应当保留。对它们的计划配额工作，可以从两方面着手。一方面，从生产上着手，制定生产配额，以避免生产出来的商品造成积压，浪费资源。生产配额的目的还在于适当照顾现有的生产重要生产资料的骨干企业，使它们通过生产配额而能维持一定的产量，得到一定的收入，而不致于在市场疲软中大起大落，对今后国民经济发展不利。另一方面，从供应上着手，制定动力、运输、重要原材料的供给配额，以保证生产配额得以实现。无论是前一方面的配额还是后一方面的配额都与产品结构、产业结构的调整有关，与不同企业的不同程度减产（有的企业需要停产或完全转产）有关。所以说，计划配额仍是有所作为的。如果不从这两个方面实行配额，而是想实行所生产出来的商品的销售配额，那么或者就会出现地区封锁、硬性搭配等不合理现象，或者就会使销售配额形同虚设。

总之，当前的计划工作的确遇到了新问题，相应地，我们的计划工作也必须提高到新的水平。部分地保留计划配额，是适应新的经济形势的需要；在某些场合，以生产配额和供给配额来代替销售配额也是适应新的经济形势的需要；部分地取消计划配额，同样是适应新的经济形势的需要。而且，无论是否变更计划配额，计划部门的另外两项工作——规划与协调都有待于加强。甚至可以这么说，在市场疲软条件下，计划配额越少，计划协调与规划的任务就越重要。

这里还涉及一个问题，即部分地保留计划配额，或在某些场合以生产配额和供给配额来代替销售配额，是不是会加剧经济运行过程中市场机制与政府调节机制之间的摩擦呢？对这个问题，同样地不能简单地回答“是”或“否”。首先可以假定，这些做法是加剧了经济运行过程中两种机制的摩擦，从而是对市场机制的一定程度的破坏。于是就要进一步探讨这种摩擦或破坏是不是值得？关于是不是值得的问题，则必须从调节的效果（利大于弊还是弊大于利）来判断。假定市场机制既能很好地解决市场疲软问题，又能使短缺问题迅速得到缓解，那又何必保留部分的计划配额呢？假定市场机制能够在现行经济体制之下有效地调整产品结构和产业结构，解决结构性失调问题，那又何必在某些场合以生产配额和供给配额来代替销售配额呢？可见，正因为现实经济的非均衡性质使得市场机制的上述作用受到限制，所以才需要在市场疲软的新经济形势之下采取新的计划配额的做法。

五、计划与市场之间关系的动态考察

前面已经用了较多的篇幅来说明计划调节与市场调节之间的关系。既然计划与市场是两种不同的资源配置方式，而当前的我国经济又正处于非均衡状态之中，这两种资源配置方式还各有局限性，所以客观上不存在唯一依靠市场调节或唯一依靠计划调节的问题。况且，在非均衡条件下，从总体上说，对于市场调节以占多大比重为好和计划调节以占多大比重为好的说法，也很难简单地作出判断。也就是说，在没有对资源供给缺口的严重程度或需求缺口的严重程度作出判断，并由此对市场调节与计划调节在这些情况下的相应作用有所了解之前，我们不可能断言计划调节和市场调节究竟以各占多大比重较好。比较符合实际的说法是：市场调节是低层次调节或称为第一次调节。计划调节是高层次调节或称为第二次调节。二者的结合就是第一次调节与第二次调节的结合。

但无论是作为低层次调节的市场调节还是作为高层次调节的计划调节，都是覆盖全社会的。市场之所以覆盖全社会，是因为在商品经济中，价值规律处处发挥作用。在社会主义有计划的商品经济中也不例外。即使是计划协调或计划配额工作，如果要使得这些工作取得成效，也必须参照价值规律的作用，这样才能避免计划的协调过分背离市场供求的实际，避免计划配额的价格与价值规律的要求差距过大。计划之所以覆盖全社会，是因为在计划工作的三项主要内容中，规划和计划协调这两项无疑覆盖于全社会。至于计划配额，就具体的商品而言，虽然配额商品只是全部商品的一部分（因为只有存在供给缺口而又受到资源较大约束的商品才需要实行计划配额），然而考虑到商品之间在投入与产出、成本与价格方面的相互依存关系，部分商品的计划配额将影响其他非配额商品，所以计划配额的效应也会覆盖全社会。这正是我们在研究计划与市场之间的关系时不可忽略之处。

要知道，在供求缺口存在而又受到资源较大约束的场合，客观上不可能有完全竞争的市场，而只可能有不完全竞争的市场。在这种场合，市场机制本来就已经遭到了一定程度的破坏，因为不完全竞争既是破坏市场机制的前提，又是市场机制遭到破坏之后的产物。因此，在这种场合实行计划的协调工作或实行计划配额，并不是以不完全竞争代替完全竞争，而是以一种形式的不完全竞争代替另一种形式的不完全竞争，即以一种形式的对市场机制的破坏代替另一种形式的对市场机制的破坏。那种把非均衡条件下计划协调工作和计划配额的实施看成是对完全竞争市场机制的破坏的观点，恰恰是不了解非均衡经济的特征，从而把非均衡条件下的市场竞争和市场机制理想化了。

从动态的角度来看待计划与市场之间的关系，那么，把市场作为大型搅拌机和政府作为搅拌机的管理者的假设，看来是长期适用的，即不仅适用于今天，而且适用于今后较长时期，不仅适用于短缺下的状况，也适用于市场疲软条件之下的经济现实。①

这一假设把市场比喻为资源组合的大型搅拌机，搅拌过程就是资源组合的选择过程；在市场这个大型搅拌机中，将不断完成市场的各种选择，使资源的组合和使用符合资源配置的效率标准。正如搅拌机需要由管理者进行管理一样，市场也需要管理者。政府在资源配置中的作用在一定程度上就类似于市场这个大型搅拌机的管理者。政府可以在资源供给不足或需求不足的场合，调节资源供给和需求，把有限的资源配置于各个需要资源的领域，把有限的市场配置给各个供给者。在必要的场合，政府也可以直接作为供给者和需求者起作用。政府作为市场的管理者，还有责任维护市场的秩序，保证市场交易活动的正常进行。管理者的效率越高，市场在资源配置中的作用就发挥得越充分。但正如对搅拌机的管理与搅拌机本身的运转不是一回事一样，对市场的管理与市场的运行也不是一回事。机器的管理者必须先熟悉机器，方能管理好机器，保养好机器；同样的道理，市场的管理者也必

① 参看厉以宁：《国民经济管理学》，河北人民出版社，1988年版，第十六章。

须先熟悉市场，熟悉市场机制的性质和作用，才能管理好市场，使之有秩序，使市场上的竞争趋于公平。

不言而喻，管理效率低下必定给经济带来损失。法制不健全也会妨碍市场秩序的建立和公平竞争的开展，但法制是可以逐渐建立的，更重要的问题在于有了法律、法规之后，它们是否被执行，违法是否被追究。有法不行等于无法，行政管理的负效率比低效率更坏。在政府对经济的管理有法可依，有法必依的条件下，政府还应当注意到，不要把市场这个搅拌机本身同搅拌机的管理混为一谈；管理市场这个搅拌机的人除了必须首先熟悉这个搅拌机，知道它是怎样运转的以外，还必须懂得它在运转中的故障可能出于何处，怎样排除故障。如果市场管理者既对市场缺乏了解，又总是想取市场而代之，想做本来应该让市场去做的事情，那么必定是“一活就乱”“一管就死”。

市场作为资源组合的大型搅拌机，当各种资源被投入时，它始终在运转。它运转的动力来自内部，即市场机制运行的动力来自参加市场活动的企业的活力。企业越能保持活力，市场的运行就越顺利，投入市场的各种资源也就越能在这个大型搅拌机内有效地组合。因此，可以明确地说，市场机制运行的动力在于参加市场活动的企业对自身利益的不断追求。如果企业对经营状况和利益增减漠不关心，市场这个搅拌机就不容易运转，或者运转得十分缓慢，资源有效配置的目的也就不可能达到。

从这个假设我们可以得到一个重要的启示：市场虽然仍在不停地运转，但在市场的运转还不顺利的现阶段，我们最需要做的是什么？下面的看法显然是不妥的，那就是：“既然市场运转不顺利，那还不如用计划来代替市场。”

根据前面的分析可知，问题不在于计划可以不可以代替市场，也不在于究竟在什么情况下计划可以代替市场，在什么情况下计划不必代替市场，以及在什么情况下计划代替不了市场。这一切都应当按照具体条件来分析。在这里，问题首先在于：为什么市场运转不顺利，其主要原因何在？

关于市场运转不顺利的主要原因，前面已经分析过了，归结起来是这样两点：第一，市场本身不完善；第二，参加市场活动的企业缺乏活力。用上述搅拌机假设来解释，市场本身不完善相似于搅拌机本身不完善，从而运行状态不佳，企业缺乏活力相似于搅拌机缺乏使它运转的内在的动力。考虑到这样两点，即市场不完善以及企业缺乏活力，首要的问题应当是如何促使市场完善以及如何促使企业具有活力。而这些都有赖于进一步推进经济改革才能解决，而不是所谓“干脆用计划代替市场”就能解决的。

六、间接的计划调节与直接的计划调节

下面让我们再对间接的计划调节与直接的计划调节之间的关系，以及今后计划调节的主要形式进行较深入的分析。

根据本章第一节的论述，目前我国经济尚未摆脱第二类非均衡状态，即在市场不完善的同时，企业尚未自主经营、自负盈亏，这样，一旦出现了供求缺口，必须通过商品、资金等的计划配额来达到事后的均衡。计划配额就是直接的计划调节形式之一。也就是说，在现阶段，作为直接计划调节形式之一的计划配额是不可缺少的。

在直接的计划调节形式中，除了计划配额而外，还有其他形式，例如运用财政支出作为直接调节手段。在现阶段，以财政支出作为直接调节手段同样具有必要性。这也是第二类非均衡条件下应付供求缺口的一种做法。

承认在当前条件下有必要运用直接的计划调节形式并不等于一定要把直接的计划调节作为计划调节的主要调节形式。直接计划调节与间接计划调节二者之中的主次位置，应随着客观经济形势的变化而变化，这里没有固定不变的模式。

不管直接计划调节与间接计划调节二者的主次位置究竟如何排列，二者的结合运用应是经常性的。结合的好处在于能够以干预性较强的

直接调节措施来防止物价波动过大，或经济增长起落过大，同时，又能够以干预性较轻的间接调节措施来逐渐缓解商品供求的缺口，避免经济因此发生较剧烈的震荡。比如说，在结构性失衡的条件下，可以用直接调节方式来调整需求和用间接调节方式来调整供给，或者，用直接调节方式来调整供给和用间接调节方式来调整需求，从而可以在一定程度上使企业根据不同的信号来改变自己的行为，以适应政府调整需求与调整供给的要求，同时还可以减少企业自身经济行为中的摩擦。

要知道，在结构性失衡条件下，供给缺口与需求缺口是并存的。如果采取计划调节措施来同时消除这两个缺口，调节措施之间的冲突有时很难避免。为此，就需要考虑每一项调节措施的效应的滞后问题、效应的直接性与间接性问题、以及正负效应相抵后的净效应问题。假定使直接计划调节与间接计划调节相结合，那么，调节效应滞后期的长短将因调节措施的不同而不同，需求方面采取的调节措施与在供给方面采取的调节措施不致于在同一时间内抵消效应。调节的最终效果如何，将根据正负效应相抵以后的净效应大小来确定。

间接调节主要是指政府运用税率、利率、汇率、价格等手段来调节供给和需求。与直接调节相比，它的最大特点是：可以通过企业在接受信号之后自行调整经济行为来适应政府调节的预定要求。正因为如此，间接调节在经济体制方面的要求要比直接调节高得多。例如，它要求赋予企业以充分的活力，使企业从不能自主经营和不能自负盈亏的状态转变为自主经营和自负盈亏，使企业从内部产生自我约束的机制。只有企业真正建立了按自身利益来调节生产和经营的机制，它们才能在政府的间接调节措施实行后适应市场供求的变化，使供给缺口和需求缺口缩小。

然而，正如前面已经指出的，在现阶段，企业改革仍在继续进行中，间接的计划调节尚未取得充分发挥作用的客观条件。但是，要等到所有的企业都已经转变为自主经营、自负盈亏的商品生产者再实行间接的计划调节，是不现实的，而且实践中会使经济蒙受许多不必要的损失。在这种情况下，需要采取的措施是：在促使企业转变为自主经营、自负盈亏的商品生产者的过程中，要适当地运用直接计划调节与间接计划调节相结合的方式，让计划调节对供给缺口与需求缺口的缩小发挥作用，并随着企业改革不断取得进展，逐步增加间接计划调节的比重，直到使间接计划调节在整个计划调节中占据主要位置。

再从直接计划调节、间接计划调节同市场调节之间的摩擦来分析，可以看出，这种摩擦是客观存在的。这种摩擦不仅反映了价格上的摩擦，而且反映了企业行为方面的摩擦，即企业究竟根据市场的要求来进行经济活动还是根据计划调节的要求来进行经济活动。只有在经济处于均衡状态中，即既无超额需求、又无超额供给的条件下，由于不需要有计划协调和计划配额，不需要有直接的或间接的计划调节，这种摩擦才不会出现。

既然计划调节与市场调节之间的摩擦在我国会长期存在，那么我们就应当考虑一下，究竟是直接计划调节与市场调节之间的摩擦较小，还是间接计划调节与市场调节之间的摩擦较小？显然是后者而不是前者。这是因为在实行间接调节时，假定客观上存在着商品供给缺口，政府决定采取增加供给和抑制需求的间接调节措施（如价格调节措施），那么，在政府放开价格后，企业的经济行为与市场的适应程度将会增加而不会缩小，从而政府的计划调节与市场调节之间的摩擦也就会小一些。假定这时供给受到资源的约束，间接调节难以发挥应有的作用，从而政府有必要实行直接调节，比如说实行计划配额，使有限的资源通过配额来分配，这样，计划调节与市场调节之间的摩擦无疑将会增大。至于这种增大是否值得的问题，前面已经作了分析，这里就不再重复了。

七、两条警戒线与间接调节、直接调节的关系

前面，在谈到计划工作的内容时，曾就计划协调工作提出了“警

戒线”概念。在那里，“警戒线”是从计划协调（即计划调节）与市场协调（即市场调节）的关系而进行论述的。宏观经济运行状况未突破“警戒线”，可以由市场来协调，突破“警戒线”之后，政府有必要进行调节。现在，既然我们已经讨论到间接计划调节与直接计划调节之间的关系了，于是就应该再深入一步，提出两条“警戒线”，即“第一警戒线”与“第二警戒线”概念。

“第一警戒线”是用以表明市场调节与计划调节之间的界限的。正如前面在谈到“警戒线”时举例所说的，假定以供需差率±2.5％作为警戒线，供需差率在±2.5％区间时，可以由市场来协调，超出了±2.5％，则政府有必要进行调节。所以供需差率±2.5％被称为“第一警戒线”。

“第二警戒线”是在“第一警戒线”之上的又一条“警戒线”。假定供需差率已经突破了±2.5％，这时需要政府进行调节。但究竟以间接调节为主还是以直接调节为主，则需要根据超出“第一警戒线”的情况而定。于是就可以在“第一警戒线”之上再建立“第二警戒线”。比如说供需差率±5％是“第二警戒线”。在“第一警戒线”与“第二警戒线”之间，政府的计划调节以间接调节为主，供需差率突破了“第二警戒线”，这表明以间接调节为主的调节形式未能达到预定的调节目标，从而有必要转而以直接调节为主。

供需差率的“第一警戒线”是否定在±2.5％，“第二警戒线”是否定在±5％，这是可以讨论的。总的说来，应根据客观经济形势而定。在供需差率以外，还可以就通货膨胀率、待业率、国际收支差额等制定类似的“第一警戒线”与“第二警戒线”。但无论如何，两条“警戒线”作为一种计划协调工作的设计，应当是可行的。

此外，还应当注意到，这里所说的间接调节为主时或直接调节为主时，都不排除少数产品在资源约束程度较强而短缺度较高时，需要采取计划配额。也不排除在进行间接调节和直接调节时，需要参照市场价格和市场供求的变动情况。

总之，作为本章的小结，可以这样概述：当经济运行处于“第一警戒线”以下时，市场调节起主要作用，但计划部门的规划仍然存在；当经济运行处于“第一警戒线”与“第二警戒线”之间时，政府有必要进行计划调节，但这时的计划调节以间接调节为主。市场与以间接调节形式为主的计划调节相结合。当经济运行处于“第二警戒线”以上时，政府的计划调节以直接调节为主。市场与以直接调节形式为主的计划调节相结合。这就是说，计划与市场的结合是任何时刻都存在的，只是根据经济运行状况而有不同的结合方式。

结束语：改革是不可阻挡的趋势

现在还不是对我国经济改革进行总结的恰当时候。正如本书第一章已经指出的，我国的经济改革至今仍处于起步不久的阶段，在许多领域内仍处于边探索边试验的过程中。改革的推进必然取决于国内的政治经济形势，但从已经走过的十二年改革道路来看，我国的改革尽管不断地获得进展，但并不是一帆风顺地前进。改革中存在着许多困难，改革事业之艰辛已被人们普遍注意到。那么，阻力究竟来自何处？为什么改革会面临着这样或那样的困难？这就很值得我们研究了。

由于经济改革涉及人们的利益关系的调整，因此，改革过程中将会不可避免地遇到来自这方面的阻力。我们不能把这方面的阻力简单地理解为某些行政机构的官员不愿放弃或减少自己手中的“管人、管财、管物”的权力。我们承认，这种情况确实存在，并且确实构成了对改革的阻碍，但问题不限于此。要知道，在社会主义国家中，在原来的经济体制之下，已经形成了一系列制度，它们在不同领域内给不同的集团或居民阶层以某种利益。改革必将触及这些制度，从而使不同集团或居民阶层在不同领域内的既得利益受到冲击。工资、就业、住房、教育、医疗卫生、社会福利等制度在改革过程中的必要的变更，不是涉及这一部分居民的利益，就是涉及另一部分居民的利益。一个集团或一个居民阶层，如果他们的现实利益在改革中有所增加，他们当然是满意的；如果他们的现实利益在改革中有所减少，他们就会不满，甚至起来抵制。因此，他们可能赞成某一项改革措施，不同意另一项改革措施；或者，他们可能赞成某一项改革中的这一部分内容，不同意其中的另一部分内容。从总体上说，绝不能认为这些居民是反对经济改革的，因为他们所不同意的只是改革中的某一项具体的措施或某一项改革措施中的某一部分内容。然而，他们的“不同意”却是事实，而且他们人数众多，这些人对这项改革有意见，那些人对另一项改革有意见，这就显得有较多的人对改革产生了异议。总之，改革中人们利益的不协调，充分说明了改革的艰巨性。

改革所遇到的阻力，还来自经济运行本身。生产、流通、分配、消费各个环节全都不可能停止运行，而必须边运行，边改革。经济运行与经济改革之间的摩擦之所以难免，正是由于经济改革所要改的是体制，而经济的运行又总是在一定的体制之下实现的。新体制只可能逐渐产生，旧体制也只可能逐渐退出，因而在一定时期内，经济运行将处于两种体制都发挥作用，但两种体制的作用都受到较大限制的状态之中。这就是说，我国在改革过程中不得不经受双轨体制下的阵痛，改革的许多困难就是由于经济运行不能停顿而造成的。一个最明显的例子就是：改革过程中，考虑到财政收入和支出由于财政体制的变动而可能出现一些问题，从而会对整个经济有不利的影响，于是决策当局的疑虑是完全可以理解的。以地方财政包干体制来说，这种体制明明是不合理的，是导致重复建设、重复生产、牺牲规模效益、牺牲产业结构合理化的重要因素，但由于它已经实行了多年，地方财政收入靠它维持，难道就能一下子加以废除而不考虑后遗症吗？结果，只好暂且承认现状，逐步进行改革，今后用分税制来替代它。又如，由于种种原因，经济增长需要保持一定的速度，只有这样，政府收入和人民生活用品的供给才有保证，就业率才能维持在一定的水平上，经济增长速度过慢会给经济带来各种问题，总不能不考虑这一切，“宁要改革，不要增长”吧！但是，既然要兼顾改革与增长，那就不得不在改革中照顾全局，有些可能引起经济增长格局有较大震荡的措施就不能迅速出台，而要在维持一定经济增长速度的前提下来改革。这通常被称做经济增长的惯性，经济增长的这种惯性也会使改革遇到困难。因此，在改革中，我们往往面临着这样的选择：或者遵循经济增长的惯性，把改革放慢些，或者把经济增长速度降下来，推进改革，而让经济暂时忍受一定的困难。实际上，我们一直在寻找兼顾经济增长与改革的途径，但要真正使二者协调，却是很不容易的。

以上所谈到的是来自利益调整或利益再分配的阻力，以及来自经济运行本身的阻力。根据各个历史时期的具体情况的不同，这些阻力，有大有小，有主有次，但阻力的存在却不容否认。我们在改革过程中必须为克服这些阻力而投入巨大的力量。尤其值得注意的是：在改革进行到一定阶段之后，利益方面的阻力以及经济运行本身的阻力会增大，改革遇到的困难也会增多，对此不应没有思想准备。

尽管我国在改革过程中会遇到困难，并且已经遇到了困难，但是，不管遇到什么困难，这些困难都不可能成为制止经济改革事业前进的障碍。改革是不可逆转的。改革之所以不可逆转，与客观上存在着足以克服这些困难和阻力的力量有关。下面，让我们分析一下：究竟是什么力量导致改革事业不可逆转？

社会主义改革是社会主义制度的自我完善。因此，对我们来说，经济改革并不仅仅是改变某种具体的经济管理方式或某种具体的经济组织结构，而是要建立一种新的经济运行机制，以代替原有的经济运行机制。通过经济改革，所要建立的是一种有利于有效利用资源，配置资源，使生产力迅速增长，使人民群众的生活水平不断提高的经济运行机制。只要这样的机制还没有建立，就不能认为社会主义的经济制度已趋于完善。而只有建立了新的经济运行机制，人民群众的创造力才能充分发挥出来，国民经济也才能持续、稳定、协调地发展。所以建立新的经济运行机制是社会主义改革的基本任务。新的经济机制包括：作为基本的微观经济单位的企业要有内在的激励机制、利益约束机制和积累机制，从宏观上看，经济中要有生产要素流动与优化配置的机制、经济结构转换的机制、内在的维持经济稳定的机制等。

在改革过程中，建立这些新的经济运行机制以代替原有的经济运行机制是符合生产力发展的客观趋势的，也是符合人民群众的根本利益的。人民群众从自身的根本利益出发，赞成改革，推进改革。阻力的存在只是使改革有起伏，有波折，但生产力发展的要求和体现了人民群众根本利益的新经济运行机制的存在，将使得改革难以逆转。这时，即使由于客观上某些原因使改革暂时放慢脚步，甚至停步，那也只是意味着下一轮的改革必将从原来达到的位置上再度前进。改革过程中有时会出现暂时的间歇，只不过间歇的时间有长有短而已。一旦经济改革起步了，经济就不可能倒退回去。这正是社会主义经济改革与人民群众根本利益相一致的反映。

再从国际经济环境来考察，不同的制度、不同的体制或不同的经济运行机制的差异，集中反映于劳动生产率的差距。社会主义社会应当比资本主义社会提供更高的劳动生产率，这是社会主义优越性的表现。但实际上，既由于历史上形成的原因，又由于现行经济体制或经济运行机制方面的原因，社会主义社会中的劳动生产率仍然低于发达资本主义国家，在某些生产领域内，劳动生产率的差距甚至是相当大的。劳动生产率之差对于我国来说，是一种压力。迫于这种压力，我国必须进行改革，尽快以新的经济运行机制代替原有的经济运行机制，以便缩小劳动生产率的差距。再说，各国居民的收入水平、生活水平的差异也表现在每小时工资购买力的差距之上。这就是说，一小时的劳动所得究竟能换取多少实物。换取到的实物数量越多，表明居民的收入水平越高，生活水平越高。而每小时工资购买力的差距归根到底来自劳动生产率的差距：劳动生产率越高，每小时工资购买力越大；劳动生产率越低，每小时工资购买力越小。因此，我们通过社会主义制度的自我完善而提高劳动生产率的努力，是完全符合人民群众提高生活水平的要求的。如果改革停滞不前，那就意味着提高劳动生产率的努力停顿了，人民群众不可能同意这样做。只有继续推进改革，才适应人民群众的愿望。

本书各章清楚地说明，当前我国经济中所遇到的困难只能依靠改革的深化来加以解决。大体上，经济中所遇到的困难包括：企业经济效益下降；在结构性疲软中物价仍有可能继续上涨；社会收入分配差距可能扩大；社会上的待业者可能增多；国际收支逆差可能再度增大，等等。要克服这些困难，就必须依靠改革的深化。比如说，深化企业改革既有利于提高企业经济效益，又可以较大幅度地增加有效供给，对缓和市场结构性疲软和抑制物价上涨有利；深化金融改革、外贸改革同深化企业改革结合在一起，有利于增加出口，提高外资利用效率，缩小国际收支逆差。就发展证券市场而言，虽然目前还只是刚刚起步，但在财政仍然处于收支紧张的条件下，把国库券和建设债券纳入市场经销的轨道，是筹集资金的良策。为了帮助企业克服目前资金短缺的困难和加速科技开发，企业债券的上市也势在必行。而随着股份制试点工作的进展和人们的证券意识、股票意识的增强，股票的增加发行和转让必将为证券市场的进一步发展增添新的内容。不可否认，上海证券交易所的建立可能成为一个契机，它既标志着金融改革步入了新的阶段，又将带动全国证券业务进入新的发展时期，并为深化金融改革、企业改革作了准备。此外，通过用工制度的改革，社会待业现象也可以缓和下来。至于完善和加强宏观经济调控体系，则始终是社会主义经济改革的一个重要组成部分。建立了这样一个调控体系，社会收入分配差距扩大等情况即使说还会存在，但无论如何将会减轻。这一切都意味着改革正在向纵深推进，意味着我们目前面临的困难完全有可能在深化改革过程中逐渐被克服。

的确，强调改革的不可逆转性，有助于增强人们对改革的信心，树立依靠改革来克服困难的信念。要知道，任何经济改革，如果想取得成就的话，必须付出一定的代价。比如说，要保证在经济发展中有足够的资金积累，就应当把消费控制在合理的规模内，防止消费的国际示范效应的不利影响，把改善生活的预期值下降一些。这就是为此付出的代价。又如，要让企业有充分活力，就应当让企业拥有生产经营的自主权，于是企业必然要突破行政上的束缚，由此会产生企业活动的某种自发性。可能这正是使企业具有活力而必须付出的代价。再如，要让企业有活力，企业也必须有选择劳动力的自主权，它们不愿接受新的多余的劳动力，而宁愿使现有的职工更充分地发挥作用，这样，在一定时期内，城市待业者和农村多余劳动力在现有企业中找不到适当的岗位，也是可以理解的。这同样是使企业具有自我成长能力而必须付出的代价。

最后，有必要对改革的信心问题再说几句。我们知道，到1991年年初，历时一年有余的市场疲软状况还没有很大变化。不少专家提出了对策，如扩大商业收购、增加信贷、增加基本建设投资、加速科技开发、组织农产品下乡、组织出口等。这些对策是很有参考价值的，有些措施已经在执行并初见成效。本书第六章也呼吁要增加科技开发投资，促进市场走向繁荣。但在这里，我们想从另一个角度谈点看法。

不能否认，居民收入预期的变化影响着居民的消费行为。在居民对经济改革和经济发展的前景缺乏信心而又感到自己的收入难以持续增长的前提下，他们采取了“可买可不买的不买”和“把存款利息作为预期追加收入”的做法，其结果必然使市场疲软持久化。正如消费行为相互攀比一样，居民的收入预期变化和对经济前景的缺乏信心也会相互影响。因此，要克服市场疲软，就有必要克服居民对经济前景的“信心疲软”。就这一点而言，最有效的办法是用经济改革和经济发展的实践来消除居民的疑虑，使他们坚信下一个十年同上一个十年一样，经济会一年比一年好，日子也会越来越好过。人们有了信心，生活和工作都感到有奔头，收入预期将朝好的方面转化，消费行为也会发生变化。这将会导致持续的市场繁荣。而且，只要经济改革深化了，工厂开工率提高了，企业经济效益增长了，财政收入也就增长了。人们普遍盼望的经济良性循环就会来临，他们想：既然上一个十年给国民经济带来那么大的变化，难道下一个十年不会使国民经济更上一层楼吗？

常言说得好，气可鼓而不可泄。对目前存在的经济问题，我们要认真对待，万万不可掉以轻心，但信心必须充足、视野必须开阔、绝不能被目前出现的困难所吓住。应该认识到，不推进改革，不深化改革，只会加剧困难，人们就会对市场前景感到失望，一方面，市场疲软可能延续，另一方面，也不是不可能出现另一种情况，即由于有效供给不足而使市场上会有较多的商品紧缺，并有可能再度出现提取银行存款和冲击市场。这当然是谁都不愿意看到的前景。那么，怎样才能避免它出现呢？前面已经一再表明了我们的观点：在深化改革中稳定经济。改革将给人们带来信心，带来希望。我们只能有这种设想，也必须作出这种选择。

图书在版编目（CIP）数据

走向繁荣的战略选择／厉以宁等著. --北京：经济日报出版社，2015.9（2023.03重印）

ISBN 978-7-80257-877-7

Ⅰ. ①走… Ⅱ. ①厉… Ⅲ. ①经济体制改革-研究-中国 Ⅳ. ①F121

中国版本图书馆CIP数据核字（2015）第218257号

走向繁荣的战略选择

作　者	厉以宁　孟晓苏　李源潮　李克强
责任编辑	林　珏
责任校对	李　进　刘雅溪
出版发行	经济日报出版社
地　址	北京市西城区白纸坊东街2号A座综合楼710（邮政编码：100054）
电　话	010-63567684（总编室）
	010-63584556（财经编辑部）
	010-63567687（企业与企业家史编辑部）
	010-63567683（经济与管理学术编辑部）
	010-63538621　63567692（发行部）
网　址	www.edpbook.com.cn
E-mail	edpbook@126.com
经　销	全国新华书店
印　刷	北京文昌阁彩色印刷有限责任公司
开　本	710毫米×1000毫米　1/16
印　张	14
字　数	175千字
版　次	2015年9月第一版
印　次	2023年3月第四次印刷
书　号	ISBN 978-7-80257-877-7
定　价	78.00元